Sinopses JURÍDICAS

VOLUME 13

CB142545

PROCESSO CIVIL

www.editorasaraiva.com.br/direito

Visite nossa página

MARCUS VINICIUS RIOS GONÇALVES

Juiz de Direito. Mestre em Direito Civil pela PUC-SP.
Professor no Damásio Educacional.

PROCESSO CIVIL

PROCEDIMENTOS ESPECIAIS

VOLUME 13

15ª edição

2018

saraiva jur

ISBN 978-85-472-0610-9 obra completa
ISBN 978-85-472-2791-3 volume 13

DADOS INTERNACIONAIS DE CATALOGAÇÃO NA PUBLICAÇÃO (CIP)
ANGÉLICA ILACQUA CRB-8/7057

Gonçalves, Marcus Vinicius Rios

Processo civil : procedimentos especiais / Marcus Vinicius Rios Gonçalves. – 15. ed. – São Paulo : Saraiva Educação, 2018. – (Coleção sinopses jurídicas ; v. 13)

1. Processo civil 2. Processo civil - Brasil I. Título. II. Série.

17-1608 CDU 347.9

Índice para catálogo sistemático:

1. Processo civil : Direito civil 347.9

SOMOS EDUCAÇÃO | saraiva jur

Av. das Nações Unidas, 7.221, 1º andar, Setor B
Pinheiros – São Paulo – SP – CEP 05425-902

SAC
0800-0117875
De 2ª a 6ª, das 8h às 18h
www.editorasaraiva.com.br/contato

Vice-presidente Claudio Lensing
Diretora editorial Flávia Alves Bravin

Conselho editorial
Consultor acadêmico Murilo Angeli Dias dos Santos

Gerência
Planejamento e novos projetos Renata Pascual Müller
Editorial Roberto Navarro

Edição Liana Ganiko Brito Catenacci
Patricia Quero

Produção editorial Maria Izabel B. B. Bressan (coord.)
Carolina Massanhi

Arte e digital Mônica Landi (coord.)
Claudirene de Moura Santos Silva
Guilherme H. M. Salvador
Tiago Dela Rosa
Verônica Pivisan Reis

Planejamento e processos Clarissa Boraschi Maria (coord.)
Juliana Bojczuk Fermino
Kelli Priscila Pinto
Marília Cordeiro

Fernando Penteado
Tatiana dos Santos Romão

Novos projetos Laura Paraíso Buldrini Filogônio

Projeto gráfico Mônica Landi
Diagramação Perfekta Soluções Editoriais
Revisão Jaqueline Kanashiro

Comunicação e MKT Carolina Bastos
Elaine Cristina da Silva

Capa IDÉE arte e comunicação
Produção gráfica Marli Rampim
Impressão e acabamento Bartira

Data de fechamento da edição: 5-12-2017

Dúvidas? Acesse www.editorasaraiva.com.br/direito

CL 604704 CAE 623939

Índice

PROCEDIMENTOS ESPECIAIS

INTRODUÇÃO

O CPC atual, de forma mais técnica que o de 1973, não trata dos procedimentos especiais em Livro próprio, mas como um Título específico do Livro do Processo de Conhecimento e Cumprimento de Sentença (Título III do Livro I da Parte Especial). A solução é mais correta do que a do Código anterior, porque os procedimentos especiais são apenas tipos diferenciados de procedimento e não de processo. O tema dos procedimentos especiais deve integrar o Livro relativo ao processo de conhecimento, que pode observar o procedimento comum ou um dos procedimentos especiais, conforme o caso. Em suma, os processos de conhecimento ou correrão pelo procedimento comum ou por procedimento especial. O comum vem tratado no Título I do Livro I da Parte Especial e os especiais no Título III do mesmo Livro.

O Código de Processo Civil, quando cuida dos procedimentos especiais, os divide em duas categorias: os de jurisdição contenciosa e os de jurisdição voluntária.

O processo não se confunde com o procedimento, embora ambos mantenham entre si estreita relação. Como entidade complexa, o processo compreende as relações jurídicas que se estabelecem entre os sujeitos nele envolvidos e a forma pela qual os atos processuais sucedem-se uns aos outros, até que seja obtida a finalidade desejada.

O procedimento limita-se ao encadeamento dos atos processuais no tempo. É a manifestação extrínseca do processo e resulta da observação da maneira de interligação dos diversos atos nele praticados, que se sucedem até o provimento final.

A sistemática acolhida pelo CPC foi a de que em todas as ações a que a lei não atribua procedimento especial adota-se o procedimento comum. Por consequência, as ações cujos processos adotem o rito comum são identificadas por exclusão: somente se não houver previsão expressa de rito especial ele será acolhido.

Estão enumeradas no Código de Processo Civil e em leis extravagantes as ações cujo processo seguirá o rito especial. Ao estudá-las, ficará evidenciada a natureza instrumental do processo: como ele é meio para a efetivação dos direitos atribuídos pela lei material, a variedade de procedimentos decorre de um esforço do legislador em moldar o processo de forma a torná-lo um instrumento de jurisdição mais útil, adaptando-o ao direito substantivo que estiver sendo postulado.

Aquele que, por exemplo, deseja encontrar as razões para as peculiaridades do procedimento nas ações possessórias de força nova não as deve procurar no direito processual mesmo, mas nas particularidades da proteção à posse, tal como tratada no Código Civil.

Procura o legislador adequar o procedimento à tutela que se deseja, de acordo com a lesão que o direito material sofre. Para tanto, são usadas as mais variadas técnicas processuais, distanciando o procedimento especial do comum. Nem por isso deixam de aplicar-se àqueles, supletivamente, as regras gerais deste. No entanto, a aplicação supletiva está condicionada a que sejam compatíveis as normas gerais com as peculiaridades do procedimento especial.

Assim, desde que a lei não preveja para determinada ação de rito especial um prazo específico de contestação, haverá de prevalecer o comum, de quinze dias. Da mesma forma, aplica-se aos procedimentos especiais o sistema recursal comum, desde que não haja previsão em sentido contrário.

No estudo que se segue, procurou-se atentar para a ordem e a sequência estabelecidas pelo legislador processual. Respeitou-se a divisão em duas partes: a dos procedimentos especiais de jurisdição contenciosa, e a dos de jurisdição voluntária, os primeiros tratados do Capítulo I ao XIV e os segundos, no Capítulo XV, do Livro III da Parte Especial do Código de Processo Civil. Embora seja esta uma obra de direito processual, recorreu-se sempre que necessário ao direito material, para melhor elucidar determinadas questões, lembrando sempre o caráter instrumental do processo, sem perder de vista a sua independência e autonomia.

Título I
DOS PROCEDIMENTOS ESPECIAIS DE JURISDIÇÃO CONTENCIOSA

Capítulo I
DA AÇÃO DE CONSIGNAÇÃO EM PAGAMENTO

1 INTRODUÇÃO

A consignação em pagamento é meio de extinção das obrigações. Trata-se de uma forma compulsória de pagamento, que se efetiva com o depósito da coisa. Cabe apenas em circunstâncias excepcionais, enumeradas no art. 335 do Código Civil.

Em regra, o pagamento deve ser feito ao credor ou a quem o represente. Entretanto, podem ocorrer circunstâncias que o impeçam ou pode haver recusa injustificada do credor em recebê-lo.

Tem o devedor o direito de desvincular-se da obrigação, efetuando o pagamento. Sendo inviável a sua efetivação, pela recusa do credor em aceitá-lo ou pela existência de obstáculos impeditivos, o devedor valer-se-á da consignação, que tem lugar, de acordo com o art. 335 do Código Civil: "I – se o credor não puder, ou, sem justa causa, recusar receber o pagamento, ou dar quitação na devida forma; II – se o credor não for, nem mandar receber a coisa no lugar, tempo e condição devidos; III – se o credor for incapaz de receber, for desconhecido, declarado ausente, ou residir em lugar incerto ou de acesso perigoso ou difícil; IV – se ocorrer dúvida sobre quem deva legitimamente receber o objeto do pagamento; V – se pender litígio sobre o objeto do pagamento".

O rol do art. 335 do Código Civil não esgota as hipóteses, pois há outras, em leis extravagantes, em que se admite a consignação (p. ex., Dec.-Lei n. 58/37, art. 17, parágrafo único).

De todas as hipóteses enumeradas na lei civil, a mais comum é a da recusa injustificada do credor em receber o pagamento ou dar quitação. Não se acolhe a consignação se houver justo motivo para a recusa. Assim, se o valor ofertado pelo devedor é inferior ao devido, ninguém é obrigado a receber menos do que lhe cabe.

Ainda que o devedor já esteja em mora, o credor não pode recusar-se a receber o pagamento, desde que a prestação ainda lhe seja útil e venha acompanhada de todos os acréscimos e encargos decorrentes do atraso. Se, no entanto, o credor já houver demandado o devedor, não caberá mais a purgação da mora, salvo se na ação proposta houver previsão dessa possibilidade, como ocorre no despejo por falta de pagamento.

Exemplificativamente, celebrado um contrato pelo qual alguém compromete-se a pagar a outrem um valor qualquer em dia predeterminado, o devedor estará em mora desde que não pague na data aprazada (mora *ex re*, que prescinde de interpelação, pois há termo certo de vencimento). Ainda assim, ser-lhe-á facultado consignar se houver recusa do credor em receber, desde que o valor oferecido venha acompanhado de todos os acréscimos, tais como correção monetária, juros vencidos e outros encargos que o contrato preveja para a hipótese de mora. A consignação, porém, será tardia se o credor já houver ajuizado ação de rescisão de contrato, com fundamento na mora.

Conclui-se, portanto, que o simples atraso do devedor não o impede de valer-se da consignação em pagamento. Nesse sentido, decidiu o colendo Superior Tribunal de Justiça: "Tempo para consignar. Enquanto ao devedor é permitido pagar, admite-se requerer o depósito em consignação. A consignação pode abranger inclusive os casos de *mora debitoris*, pois servirá a purgá-la. Ocorrida a mora do credor, irrelevante a questão do tempo, pela permanência na recusa" (*RSTJ*, 11:319).

A consignação não está restrita às hipóteses de obrigação em dinheiro, embora seja essa a hipótese mais frequente. Também naquelas que consistam na entrega de bens, móveis ou imóveis, caberá consignação caso o credor se recuse injustificadamente a receber a coisa. São comuns as ações de consignação de chaves, quando o locador se recusa, sem razão, a recebê-las de volta das mãos do locatário. Só será inviável consignar quando a dívida for de obrigação de fazer ou não fazer, cuja natureza jurídica é incompatível com o depósito.

Poderá o devedor consignar, ainda, se houver recusa do credor em dar quitação na forma devida. A quitação é a prova de pagamento e o devedor tem de exigi-la, sob pena de não ter como demonstrar, mais tarde, que o fez. É obrigação do credor fornecer recibo. Em caso de recusa, o devedor consignará o pagamento.

A segunda hipótese de consignação verificar-se-á quando o credor não for nem mandar receber a coisa no tempo, no lugar e nas condições devidas. Salvo se o contrário houver sido estipulado, as dívidas são quesíveis, o que significa que o credor deve ir buscar o pagamento com o devedor. Se ele não o fizer nem mandar alguém que o faça, não está obrigado o devedor a procurar o credor, bastando-lhe consignar o pagamento.

Também terá lugar a consignação quando o credor for incapaz de receber, ou for desconhecido, estiver declarado ausente ou residir em local de acesso difícil ou perigoso. Não se trata, aqui, de recusa em receber, mas de obstáculo que impede a efetivação do pagamento.

A hipótese de credor desconhecido pode causar alguma perplexidade, porquanto, em princípio, não se pode admitir que alguém contraia obrigação com pessoa cuja identidade ignora. No entanto, a hipótese facilmente se explica pela possibilidade de sucessão do credor originário. Assim, se o devedor não souber quem são os herdeiros ou sucessores do credor, caber-lhe-á consignar.

Quando houver dúvida quanto a quem deva receber o objeto do pagamento, o devedor deverá valer-se da consignação. Para tanto, dois ou mais credores devem aparentar legitimidade para receber. E deve haver dúvida sobre quem faça jus ao pagamento. Em casos assim, não pode o devedor preferir um ao outro, sob pena de estar pagando mal e ser obrigado a pagar novamente. Ao fazer o depósito do valor devido, o devedor livra-se da obrigação. Os credores que se apresentaram passarão a disputar o montante recolhido.

Cabe também a consignação quando pender litígio entre credor e terceiro sobre o objeto do pagamento. Se a contenda ainda não se encerrou, fará mal o devedor em antecipar-se ao provimento jurisdicional, arriscando-se a ter de pagar novamente. Melhor será que ele deposite o valor devido, a ser levantado por quem vença a ação.

Terá legitimidade para requerer a consignação todo aquele que a tiver para pagar. Assim, estarão legitimados o próprio devedor, qualquer interessado na extinção da dívida ou até os terceiros não interessados que queiram pagar em nome e por conta do devedor (CC, art. 304, parágrafo único). Ao contrário do que ocorre com o terceiro interessado, o que não tem interesse e faz o pagamento não se sub-roga nos direitos do credor. Nem por isso está ele impedido de ajuizar a consignação, se deseja pagar e o credor recusa-se a receber.

No polo passivo da ação de consignação em pagamento figurará sempre o credor, seus herdeiros ou sucessores.

2 PROCEDIMENTO

É possível distinguir três procedimentos distintos, todos especiais, para a consignação em pagamento. Essa variedade deriva das múltiplas hipóteses em que é possível consignar. Diferenciam-se os procedimentos quando há recusa ou obstáculo para a efetivação do pagamento e quando existe dúvida sobre quem deva, legitimamente, receber. Destas, distingue-se o procedimento da consignação de alugueres, regido pela Lei n. 8.245/91. As peculiaridades de cada um desses ritos serão estudadas separadamente.

2.1. CONSIGNAÇÃO FUNDADA NA RECUSA EM RECEBER

É o procedimento genérico das ações de consignação quando há recusa do credor em receber, dar quitação ou quando há obstáculo que impede o pagamento.

É tradicional empregar as expressões "execução às avessas" ou "execução ao contrário" para designar a consignação em pagamento. O uso generalizado desses termos criou perplexidade na doutrina e na jurisprudência quanto à extensão daquilo que poderia ser conhecido nessa ação. Para muitos, por ser uma "execução ao contrário", a consignação pressuporia a existência da dívida e a exatidão de seu valor, ficando afastada de seu âmbito qualquer discussão acerca de uma e outra dessas questões.

No entanto, não há restrições dessa natureza à consignação, cujo objetivo é permitir ao devedor desobrigar-se. Para decidir sobre o direito de ele ver-se livre da obrigação, o juiz deverá apreciar todas as questões relacionadas a esse direito que lhe forem submetidas. Portanto, se lhe forem formuladas questões prejudiciais envolvendo a existência da dívida, o *quantum debeatur* ou a interpretação de cláusulas contratuais que repercutam no desfecho da demanda, o juiz não poderá furtar-se a apreciá-las, alegando que os temas refogem ao âmbito da consignação, pois nela se permite discutir tudo aquilo que pode ser objeto de uma ação declaratória, conforme já foi decidido (*JTJ*, 173:221).

Há consignação judicial e extrajudicial. O depósito extrajudicial é uma opção do devedor, que poderá preferir, desde logo, o judicial (há uma situação em que a consignação forçosamente será extrajudicial. É aquela de que trata a Lei n. 6.766, de 19 de dezembro de 1979, nos arts. 33 e 38, § 1º, sobre prestações referentes a compromisso de compra e venda de lote urbano).

O depósito extrajudicial é uma faculdade que se atribuiu ao devedor. Ser-lhe-á possível, desde logo, valer-se das vias judiciais se assim preferir. Essa alternativa, porém, está restringida às hipóteses de depósito em dinheiro. O de coisas será sempre feito judicialmente.

O depósito bancário é instrumento de direito material, embora instituído pelo Código de Processo Civil. O devedor o fará em estabelecimento bancário oficial, situado no lugar do pagamento, em conta com correção monetária. Se no local do pagamento não houver estabelecimento bancário oficial, ele poderá ser feito em estabelecimento particular.

Efetivado o depósito, o devedor deverá cientificar o credor por carta com aviso de recepção, assinando o prazo de dez dias para a manifestação da recusa. O prazo correrá da data em que o credor receber a cientificação. Para tanto, as pessoas incumbidas da entrega da carta, os funcionários do correio, deverão diligenciar no sentido de fazer constar do aviso de recepção à data exata da entrega. Deverão cuidar, ainda, para que o aviso seja assinado pelo próprio destinatário, pois, do contrário, a cientificação não se reputará efetivada. Por razões evidentes, o prazo de dez dias não correrá da data em que o aviso for juntado aos autos, porque o depósito extrajudicial é feito antes do ajuizamento da ação.

Para que seja válida a cientificação, o devedor fará constar da carta não só qual é o objeto do depósito, com todos os detalhes necessários à sua compreensão, mas também o prazo de dez dias que o credor terá para recusá-lo, sob pena de reputar-se o devedor liberado da obrigação.

A recusa deverá ser feita por escrito ao estabelecimento bancário em que o depósito houver sido efetuado. Passados os dez dias sem a recusa por escrito, o devedor estará liberado, ficando à disposição do credor a quantia depositada.

Poderá surgir divergência entre credor e devedor, sobre a tempestividade da recusa, ou sobre a validade da cientificação. Nesse caso, não caberá ao estabelecimento bancário dar razão a nenhum deles, antes que a questão seja dirimida em juízo. Se assim for, o depósito extrajudicial não será bastante para evitar a propositura da demanda judicial de consignação, na qual se discutirão as questões acima mencionadas. Havendo, pois, a divergência, o estabelecimento bancário não permitirá o levantamento, por qualquer das partes, da quantia depositada.

Ocorrendo a recusa, o devedor ou terceiro poderão propor, dentro de um mês, a ação de consignação, instruindo a petição inicial com a prova do depósito e de sua não aceitação. Como a recusa é comunicada ao estabelecimento bancário, o prazo de um mês só passará a correr do momento em que este der conhecimento dela ao depositante, e não do momento mesmo da recusa. A entender-se de forma diversa, o prazo do depositante estaria correndo antes que ele estivesse ciente da não aceitação e pudesse propor a demanda.

Devem os estabelecimentos bancários acautelar-se, documentando a comunicação da recusa ao depositante, para que se possa mais tarde verificar a tempestividade da consignação.

Se a ação não for proposta no prazo de um mês, o depósito ficará sem efeito, e o seu autor poderá levantá-lo. Nada obsta, porém, que o devedor ou terceiro insistam na consignação, ajuizando mais tarde demanda judicial e efetivando o depósito em juízo. Portanto, não há falar-se em decadência da pretensão a consignar, superado o prazo de um mês. O que há é a perda da eficácia do depósito extrajudicial.

A efetivação do depósito faz cessar, para o devedor ou terceiro, os juros e os riscos, salvo se a ação for julgada improcedente. Desde que cesse a eficácia do depósito extrajudicial, pela não propositura da demanda no prazo de um mês, uns e outros continuarão sendo assumidos pelo devedor, até que a demanda seja ajuizada e o depósito judicial efetuado.

Embora a lei não o mencione, parece-nos que o depósito extrajudicial não poderá ser repetido se já tiver havido recusa e o devedor houver perdido o prazo para o ajuizamento da demanda. Se isso ocorrer, caberá ao devedor, unicamente, a propositura da ação judicial, no bojo da qual será feito o depósito.

A ação de consignação em pagamento será proposta no lugar do pagamento, se a obrigação for portável; se este não houver sido fixado, nem houver foro de eleição, seguir-se-á a norma geral, e a demanda será proposta no domicílio do réu. Se a obrigação for quesível, será proposta no foro do domicílio do autor, salvo eventual foro de eleição. Tais regras são de competência relativa, não podendo o juiz, de ofício, reconhecer-se incompetente.

Na petição inicial, o autor, além de cumprir as determinações do art. 319 do Código de Processo Civil, deverá requerer o depósito da quantia ou coisa devida, a ser efetivado no prazo de cinco dias. Evidentemente que, se tiver havido depósito extrajudicial, o devedor ou terceiro limitar-se-ão a comprová-lo ao juiz, demonstrando também a recusa do credor. A falta de depósito implicará a extinção do processo, sem resolução de mérito.

Quando a obrigação for constituída por prestações sucessivas, uma vez consignada a primeira, pode o devedor continuar a consignar, no mesmo processo e sem mais formalidades, as que se forem vencendo, desde que os depósitos sejam efetuados até cinco dias contados da data do vencimento. Essa possibilidade, porém, estende-se até a prolação da sentença, que não pode atribuir eficácia liberatória a depósitos que ainda não foram feitos. Nesse sentido, foi expressa a Lei do Inquilinato (Lei n. 8.245/91), no art. 67, III, que permite a liberação das obrigações que se venceram durante a tramitação do feito, até ser prolatada a sentença de primeira instância. Após, se a recusa persistir quanto às prestações posteriores, o devedor terá de ajuizar nova demanda. Há, porém, decisões permitindo a consignação até o trânsito em julgado da decisão final (*RSTJ*, 87:275; *STJ-RJ*, 230:53).

A falta de depósito das parcelas vencidas no curso da ação, ou de algumas delas, não trará prejuízo para o devedor, no que se refere às parcelas depositadas. Unicamente, a sentença terá eficácia liberatória parcial, extinguindo apenas as obrigações a elas correspondentes. Há decisões no sentido de que, não realizado a tempo um dos depósitos, não poderão mais ser feitos os restantes, posteriores àquele. Nesse sentido: "Deve o autor promover os depósitos das prestações nos respectivos vencimentos, ficando implícito que a sua não efetivação no momento indicado pela lei acarretará, como efetivamente acarreta, o rompimento da cadeia dos depósitos no mesmo processo, inviabilizando o reconhecimento, ao final, do caráter liberatório de todos aqueles efetuados após o rompimento. Ou, se preferir, o depósito efetuado a destempo deverá ser desconsiderado pela autoridade sentenciante, cabendo ao consignante, em tal contingência, promover nova ação consignatória, envolvendo a prestação causadora da ruptura, mais aqueles que venham a vencer posteriormente" (*RT*, *709:109*).

O credor será citado para levantar o depósito ou oferecer contestação. Se ele concordar em receber o valor depositado, outorgando quitação, ou se ele não contestar e ocorrerem os efeitos da revelia, o juiz julgará procedente o pedido, condenando o réu nas custas e nos honorários advocatícios.

Quando o objeto da prestação for coisa indeterminada e a escolha couber ao credor, ele será citado para exercer esse direito em cinco dias, se outro prazo não lhe for atribuído por lei ou contrato. O procedimento, nessa hipótese, será aquele previsto no art. 543 do Código de Processo Civil.

O prazo de contestação é de quinze dias, lembrando-se que a contagem deverá considerar apenas os dias úteis. Deve-se, ainda, observar o disposto no art. 231 do CPC, que trata do início da contagem.

Muito pouco há de especial no procedimento de consignação fundada na recusa em receber ou dar quitação. Não há mais a audiência de oblação e o prazo de resposta é o comum. As diferenças atuais entre o procedimento comum e o da consignação resumem-se à exigência do depósito inicial (se o depósito não houver sido feito antes, em caráter extrajudicial) e ao caráter dúplice desta, estabelecido no § 2º do art. 545 do Código de Processo Civil.

Na consignação poderá o réu apresentar também reconvenção, na contestação.

O aforamento de reconvenção não é incompatível com a consignação, desde que haja conexão entre elas ou com o fundamento da defesa. O caráter dúplice da consignação não constitui óbice, porque restrito à cobrança do saldo remanescente, quando insuficiente o depósito. Só não haverá interesse para reconvir se o intuito único for cobrar a diferença que decorra de um depósito a menor.

Porém, nada impede que se ajuíze a reconvenção, formulando pedido que, embora conexo, não diga respeito ao saldo remanescente. Por exemplo, ajuizada consignação em pagamento das prestações de um determinado contrato, pode o réu reconvir postulando a sua rescisão. À evidência, a reconvenção seguirá as regras gerais, aplicando-se supletivamente as normas do procedimento comum.

Na contestação, o réu poderá arguir as matérias processuais enumeradas no art. 337 do Código de Processo Civil, que se erigem em verdadeiras objeções (ressalvada a convenção de arbitragem e a incompetência relativa).

No mérito, poderá o réu alegar que: a) não houve recusa ou mora em receber a quantia ou coisa devida; b) foi justa a recusa; c) o depósito não se efetuou no prazo ou no lugar do pagamento; d) o depósito não foi integral. Esta última alegação só poderá ser apreciada se vier acompanhada de indicação sobre o montante que o réu entende devido.

Apresentada a resposta, a consignação seguirá o procedimento comum. No entanto, algumas consequências peculiares serão acarretadas pela alegação de que o depósito não foi integral. Se isso ocorrer, poderá o autor, no prazo de dez dias, completá-lo, salvo se corresponder à prestação cujo inadimplemento implique a rescisão do contrato.

A alegação de insuficiência do depósito não impedirá o réu de, desde logo, levantá-lo, liberando-se, parcialmente, o devedor. O processo seguirá, então, apenas quanto à parcela controvertida. Afinal, aquilo que está depositado é incontroverso, porque o autor afirma que deve, e o réu concorda, embora advertindo que o valor não é o bastante para extinguir integralmente a obrigação.

Ademais, de acordo com o § 2º do art. 545 do Código de Processo Civil, o réu que alegar que o depósito é insuficiente deverá indicar qual o valor devido. A sentença que acolher essa alegação deverá determinar, sempre que possível, o montante devido, valendo como título executivo, facultado ao credor promover-lhe a execução nos próprios autos. É nesse passo que a consignação assume caráter dúplice.

Ante os termos peremptórios do dispositivo, conclui-se não haver necessidade de que o réu formule pedido expresso para que o juiz condene o autor a pagar o saldo remanescente. Basta a ele contestar, alegando a insuficiência do depósito e apresentando seus cálculos, para que o juiz determine o montante devido, com força de título executivo judicial. Essa possibilidade é salutar, porque poupa ao credor-réu os esforços e os ônus do ajuizamento de nova demanda, em proveito da economia processual.

Ao julgar procedente a consignação, o juiz declarará efetivado o depósito e extintas as obrigações a ele correspondentes. O ato judicial que julga a consignação tem natureza de sentença, impugnável por apelação à qual a lei atribui duplo efeito.

2.2. CONSIGNAÇÃO FUNDADA NA DÚVIDA SOBRE A TITULARIDADE DO CRÉDITO

Atento às peculiaridades dessa espécie de consignação, o legislador previu-lhe um procedimento distinto daquele estabelecido para as hipóteses genéricas, dedicando-lhe apenas dois dispositivos no Código de Processo Civil: os arts. 547 e 548, estreitamente ligados ao art. 335, IV, do Código Civil.

Não há, nesse caso, *mora accipiendi* como nos demais, mas medida de prudência do devedor, que, em dúvida entre pagar a este ou àquele que se pretendem credores, teme pagar mal, e, com isso, ter de fazê-lo novamente.

O emprego dessa espécie de consignação não exige que duas ou mais pessoas tenham manifestado pretensão em receber o pagamento, como poderia sugerir uma leitura do art. 547 do Código de Processo Civil. Basta que o devedor esteja em dúvida se o pagamento deve ser feito a este ou àquele, ainda que nenhum dos dois se apresente como credor, para que a consignação deva ser realizada. Às vezes, a má redação de um contrato pode ensejar dúvidas ao devedor quanto ao destinatário do pagamento. Essa dúvida, de caráter ainda subjetivo, é bastante para ensejar a propositura da consignação. Basta, pois, a dúvida subjetiva, prescindindo-se da existência de uma disputa entre os potenciais credores.

O fato de a dúvida poder ser subjetiva não afasta a necessidade de que ela seja razoável. O juiz deve examinar o caso concreto, para constatar se há motivos sérios, hábeis a trazer incerteza ao espírito de um homem normal. Inexistindo fundamento razoável para a hesitação, o juiz deve indeferir a petição inicial, por falta de interesse de agir do autor. Cumpre, porém, ao magistrado ser tolerante: se ficar constatado que há um risco, ainda que pequeno, de o devedor pagar mal, escolhendo entre este ou aquele, a consignação deverá ser admitida. Portanto, ainda que um exame da petição inicial faça concluir que há muita probabilidade de o credor ser um e não o outro, deve o juiz admitir a consignação, se houver algum perigo de o devedor errar, optando por um dos potenciais credores. O risco, no entanto, mesmo pequeno, há de ser sério e fundado.

A razoabilidade da pretensão a consignar é evidente quando surge uma efetiva disputa, judicial ou extrajudicial, entre os potenciais credores, pelo objeto do pagamento. É o que ocorre quando o devedor é notificado por dois credores distintos, ambos exigindo o mesmo crédito, ou quando pende litígio entre dois credores sobre o objeto do pagamento (CC, art. 335, V).

Uma das hipóteses de consignação, previstas no art. 335, III, do Código Civil, é a de o credor ser desconhecido. Nessa situação, não há propriamente dúvida sobre a pessoa que deva receber o pagamento, o que pressupõe a existência de dois ou mais potenciais credores conhecidos.

Quando a identidade do credor for completamente ignorada, o devedor também poderá consignar o pagamento por conta de quem ele pertencer. O réu será desconhecido e deverá ser citado por edital, como determina o art. 256, I, do Código de Processo Civil. Ao julgar procedente a ação, o juiz declarará desobrigado o devedor, mas o valor continuará depositado, até que alguém prove o direito de levantá-lo. Nesse caso, o procedimento da consignação será o estudado no item anterior, pois não há dúvida entre potenciais credores. Sabe-se quem é o credor, embora não seja conhecida a sua qualificação e às vezes nem o seu nome.

Na petição inicial da consignação fundada em dúvida sobre a titularidade do crédito, figurarão no polo passivo aquelas pessoas que se apresentam aos olhos do devedor como credores potenciais. Caso o pagamento já esteja sendo disputado por duas ou mais pessoas, o devedor fará incluir no polo passivo os pretendentes, mais qualquer outro que se lhe afigure possível credor.

Tal como na consignação comum, o autor requererá ao juiz o depósito, que deverá ser feito, por analogia, no prazo de cinco dias, bem como a citação dos potenciais credores.

O procedimento posterior variará de acordo com as possíveis atitudes dos réus. Caso não compareça nenhum pretendente, o depósito será convertido em arrecadação de coisas vagas, seguindo-se então o rito do art. 746. O juiz ainda declarará extinta a obrigação, liberando o devedor.

Essa solução corrigiu o erro do CPC/1973, que falava em arrecadação dos bens de ausente, procedimento que foi previsto considerando-se o ausente alguém conhecido, que desapareceu sem deixar notícias de seu paradeiro. Sabe-se quem é o ausente, embora não se saiba onde ele esteja. Por isso, sabe-se quem são seus sucessores, sendo possível dar início aos procedimentos de sucessão provisória e definitiva.

Já na consignação em que nenhum dos potenciais credores comparece, o que ocorre é situação bastante diversa. Sabe-se onde estão os potenciais credores, mas não se sabe qual deles faz jus a receber o valor ou o bem oferecido. Como nenhum deles apresentou-se para receber, a dúvida não ficou dirimida, razão pela qual se determina, agora corretamente, que o procedimento a ser observado seja o da arrecadação das coisas vagas (art. 548, I, do CPC).

Pode ocorrer que, citados todos os pretendentes, apenas um compareça. Nesse caso, diz o art. 548, II, do Código de Processo Civil, que o juiz decidirá de plano. O dispositivo pressupõe que não tenha havido, por parte de nenhum dos pretendentes, contestação, mas apenas o comparecimento de um só deles, disposto a receber o valor que está sendo oferecido.

Como os outros não apareceram, nem para contestar nem para receber, o juiz presumirá, dessa omissão, que nenhum deles considera-se credor. No entanto, essa presunção é relativa, e deve ser afastada se ficar evidenciado que o único que compareceu não é o efetivo credor, caso em que a solução será a mesma que se preconiza para a hipótese de ausência de qualquer interessado.

Pode ocorrer, ainda, que compareça um único réu, não para receber, mas para apresentar contestação. Caso ele aduza ser insuficiente o valor do depósito, o juiz concederá ao devedor prazo de dez dias para complementá-lo, aplicando-se analogicamente as regras da consignação comum. Nessa hipótese, o juiz também poderá decidir de plano, autorizando o único pretendente que se apresentou a levantar a quantia incontroversa. A sentença ainda fixará o valor do saldo remanescente a ser executado pelo credor.

Por fim, existe a hipótese de comparecimento de vários pretendentes, todos dizendo-se dispostos a receber. Se isso ocorrer, manda o art. 548, III, do Código de Processo Civil, que o juiz declare efetuado o depósito e extinta a obrigação, continuando o processo a correr unicamente entre os credores, pelo procedimento comum.

Efetivado o depósito suficiente para quitar a dívida, e constatada a dúvida efetiva sobre qual dos pretendentes tenha mais direito ao levantamento, não se justifica que o devedor permaneça integrando a relação processual, da qual ele será excluído. A ação prosseguirá então entre os credores, para que se decida qual deles faz jus ao valor.

É possível que diversos réus compareçam apresentando contestação, seja para alegar a insuficiência do depósito, seja para negar que exista dúvida sobre quem deva legitimamente receber. Evidente que o comparecimento de mais de um réu, alegando que não há dúvida porque só a ele compete receber o pagamento, já será forte argumento para concluir pela existência da incerteza. Afinal, se duas ou mais pessoas atribuem-se seriamente a qualidade de credor único, será justificada a dúvida do devedor, que não saiba em quem acreditar. Se o depósito for insuficiente, o juiz permitirá ao autor complementá-lo, no prazo de dez dias.

A redação do art. 545, III, do Código de Processo Civil estabelece que, comparecendo mais de um pretendente, o juiz declarará efetuado o depósito e extinta a obrigação, continuando o processo a correr unicamente entre os credores.

Grande controvérsia se estabeleceu a respeito da natureza desse pronunciamento judicial e do recurso com que pode ser impugnado.

Adroaldo Furtado Fabrício, preocupado com a questão da coisa julgada material, que não poderia atingir o devedor, pois ele não participa da "segunda fase do processo", preconiza que, do ponto de vista da natureza mesma do ato judicial, "essa decisão é, sem dúvida, julgamento de mérito: o mérito da ação consignatória propriamente dita" (*Comentários ao Código de Processo Civil*, cit., p. 139). No entanto, atento à classificação dos atos judiciais tal como prevista no Código de Processo Civil, conclui que, como o procedimento de primeiro grau não se encerra, o ato judicial, na terminologia do Código, não é sentença, mas decisão interlocutória, a ser impugnada por agravo de instrumento.

Diversa é a conclusão a que chega Antonio Carlos Marcato: "De fato, o ato judicial que declara válido o depósito e libera o autor original tanto da obrigação, quanto da relação jurídica processual, não é uma simples decisão – mesmo entendida esta como uma 'sentença interlocutória sobre o mérito' – mas, sim, verdadeira sentença que extingue a ação de consignação em pagamento e é, então, apelável" (*Ação de consignação em pagamento*, 2. ed., Revista dos Tribunais, p. 115).

A aptidão de pôr fim à fase de conhecimento em primeiro grau continua sendo inerente à sentença. Como a decisão que declara suficiente o depósito não põe fim a essa fase, pois se prossegue em primeiro grau para apurar a quem cabe o levantamento, melhor seria qualificá-la de decisão interlocutória, e não de sentença, o que abriria ensejo para a interposição de agravo de instrumento, e não de apelação, prosseguindo o processo em primeira instância. No entanto, diante da existência de controvérsia a respeito, será caso de aplicar-se o princípio da fungibilidade dos recursos, podendo-se admitir tanto a interposição de apelação como de agravo de instrumento.

A dificuldade se agrava porque, no regime do CPC atual, o agravo de instrumento é de cabimento restrito, pois a sua admissibilidade está condicionada à existência de uma das hipóteses do art. 1.015 do CPC. Mas pode-se considerar essa decisão como de mérito, já que extingue a obrigação do autor, com o que se abre a possibilidade de interposição do agravo de instrumento, com fulcro no art. 1.015, II, do CPC. Essa parece ser a melhor solução. Diante da existência de dúvida objetiva a respeito do recurso cabível, como mostram as opiniões doutrinárias divergentes, parece-nos que essa seria uma hipótese de aplicação do princípio da fungibilidade dos recursos. Não se poderá qualificar como grosseiro o erro caso seja interposta apelação, devendo o juiz recebê-la como agravo de instrumento, e determinar o seu processamento.

As particularidades do procedimento dessa espécie de consignação também trazem dúvidas sobre o modo de fixação da verba de sucumbência, quando o juiz declara extinta a obrigação e o processo passa a correr entre os credores.

O pretendente que tiver afastada a sua pretensão de receber o pagamento deverá pagar ao credor vitorioso as verbas de sucumbência. O autor consignante fará jus aos honorários advocatícios e ao reembolso das custas e despesas que efetuou. A fixação da verba de sucumbência em seu favor deverá ser feita na sentença que, dando por bom o depósito, extingue a obrigação, iniciando a segunda fase do procedimento. Essa verba deverá ser abatida do depósito, feito pelo próprio autor no início do processo.

O depósito ficará, assim, desfalcado do que foi retirado para fazer frente àquilo que é devido ao autor, a título de verba de sucumbência. No entanto, o credor vitorioso poderá recobrar do preterido o valor que foi abatido do depósito, para pagar o autor.

Portanto, o credor vitorioso receberá, ao final, o depósito desfalcado, mas poderá cobrar do pretendente vencido o necessário para repor a integralidade do depósito, mais as verbas de sucumbência a ele próprio devidas.

A segunda fase do procedimento das consignações fundadas na dúvida quanto à titularidade do crédito correrá pelo rito comum, sendo dadas às partes todas as oportunidades para provar o seu direito ao pagamento. Todos os credores serão, nessa segunda fase, simultaneamente autores e réus, o que pode trazer problemas a respeito da iniciativa para a prática de atos e diligências processuais. Assim, por exemplo, haverá dificuldades quando do adiantamento das despesas, para a prática de atos que o juiz determinar de ofício ou a requerimento do Ministério Público. A antecipação, nessas hipóteses, deve ser feita pelo autor (CPC, art. 82, § 1º). Mas todos os pretendentes são simultaneamente autores e réus, o que os obrigará a repartir as despesas que devam ser recolhidas com antecedência.

Uma última dificuldade haverá na hipótese de, entre os credores, já pender litígio sobre o objeto do pagamento (CC, art. 335, V). Quando isso ocorrer, o devedor ajuizará a consignação, para não pagar mal.

No entanto, encerrada a primeira fase, não haverá necessidade de dar-se início à segunda, cuja finalidade é a de apurar quem é o verdadeiro credor. Isso porque já pende entre os credores litígio sobre o objeto do pagamento. Portanto, bastará dar por extinta a obrigação do devedor e aguardar o desfecho do litígio, que já pendia entre os pretendentes.

2.3. A CONSIGNAÇÃO DOS ALUGUERES

A consignação de alugueres e acessórios da locação tem procedimento próprio regido por lei especial (Lei n. 8.245/91). A apelação contra sentença que a julga terá apenas efeito devolutivo, diversamente do que ocorre nas demais hipóteses de consignação.

Controverte-se sobre a possibilidade de o locatário valer-se do depósito extrajudicial, previsto no Código de Processo Civil, mas não previsto na Lei do Inquilinato. Para Nelson Nery Junior e Rosa Maria de Andrade Nery, a resposta é negativa, porque a norma que trata da matéria tem natureza material. Portanto, "somente foram modificados os dispositivos materiais sobre a consignação. Os processuais, previstos em lei especial, não foram alcançados pela Lei n. 8.953/94. De consequência, tal procedimento extrajudicial não é válido para as consignações de débitos fiscais (CTN 156, VIII, e 164) nem de depósitos oriundos de relação locatícia (Lei n. 8.245/91, art. 67)" (*Código de Processo Civil comentado*, 3. ed., Revista dos Tribunais, nota 9 ao art. 890).

Curiosamente, o mesmo argumento, de que a norma que instituiu o depósito extrajudicial tem caráter material, foi utilizado pelo 2º Tribunal de Alçada Civil de São Paulo, que emitiu o Enunciado 41, do seguinte teor: "O depósito bancário, a que alude o art. 890 [atual art. 539] do CPC, é instrumento de direito material e também se presta à exoneração de obrigações oriundas do contrato de locação".

Parece-nos que não há óbice à admissão do depósito extrajudicial no sistema da Lei do Inquilinato. Justamente porque tem caráter material, a norma que o instituiu deve aplicar-se às hipóteses de consignação, sendo irrelevante que o procedimento seja regulado em lei especial.

Na petição inicial, que deverá preencher os requisitos do art. 319 do Código de Processo Civil, o devedor especificará os alugueres e acessórios da locação e os respectivos valores. O prazo para efetivar o depósito não é de cinco dias, como na consignação regulada pelo Código de Processo Civil, mas de vinte e quatro horas. A não efetivação do depósito implicará a extinção do processo sem resolução de mérito.

Feito o depósito inicial, o locatário poderá continuar consignando, no mesmo processo, as prestações que se forem vencendo, até a prolação da sentença. No entanto, os depósitos terão de ser feitos na data dos respectivos vencimentos, e não em até cinco dias depois, como ocorre na consignação regida pelo Código de Processo Civil.

Se o locador concordar em receber o valor oferecido ou não apresentar contestação, o juiz acolherá o pedido e condenará o réu nas custas e nos honorários advocatícios, prefixados em 20% do valor dos depósitos.

São idênticas as matérias de fato que podem ser arguidas na consignação comum e na de alugueres e encargos: não ter havido recusa ou mora em receber a quantia devida; ter sido justa a recusa; não ter sido efetuado o depósito no prazo ou no lugar do pagamento ou não ter sido integral o depósito.

A alegação de que o depósito não é integral deve vir acompanhada de indicação discriminada e justificada do montante que o locador entende devido. Caso o locatário reconheça que o depósito foi insuficiente, será possível complementá-lo, no prazo de cinco dias, com acréscimo de 10% sobre o valor da diferença. Nesse caso, o juiz declarará quitadas as obrigações, mas o locatário arcará com a verba de sucumbência, incluindo honorários advocatícios de 20% sobre o valor dos depósitos. O legislador da Lei do Inquilinato foi mais rigoroso que o do Código de Processo Civil, onde o prazo para complementação do depósito é de dez dias, sem previsão de multa moratória.

Já foi esclarecido anteriormente que é possível reconvir na ação de consignação em pagamento. Na de alugueres foi expressamente prevista essa possibilidade, quando o réu quiser postular o despejo do autor.

Se a defesa do réu fundar-se na insuficiência do depósito, será lícito que ele requeira, desde logo, o levantamento do valor oferecido, pois sobre ele não pende controvérsia. No entanto, ao contrário do que agora ocorre na consignação comum, se o réu pretender cobrar o saldo remanescente, terá de reconvir. O art. 545, § 2º, do Código de

Processo Civil, que permite ao juiz, na própria sentença, fixar o saldo, independentemente de reconvenção, contém norma de direito processual, e não de direito material. Como o procedimento da consignação de alugueres é regido em lei especial, não será possível aplicar a ele normas que versam o procedimento das consignações em geral.

Portanto, a cobrança pelo réu do saldo remanescente, nas consignações de alugueres, continua a depender de reconvenção, embora nas consignações em geral seja ela prescindível.

Quadro sinótico – Ação de consignação em pagamento

Cabimento: art. 335 do Código Civil (rol exemplificativo)	– se o credor não puder, ou, sem justa causa, recusar receber o pagamento, ou dar quitação na devida forma; – se o credor não for, nem mandar receber a coisa no lugar, tempo e condição devidos; – se o credor for incapaz de receber, for desconhecido, declarado ausente, ou residir em lugar incerto ou de acesso perigoso ou difícil; – se ocorrer dúvida sobre quem deva legitimamente receber o objeto do pagamento; – se pender litígio sobre o objeto do pagamento.
Objeto	– obrigações em dinheiro; – entrega de bens móveis e imóveis. (Em ambas é possível depositar o objeto.) Atenção: São incompatíveis com a consignação as obrigações de fazer ou não fazer (não é possível realizar-se o depósito).
Legitimidade	Ativa: devedor, terceiro interessado e terceiro não interessado (lembrando que este último não se sub-roga nos direitos do credor). Passiva: credor, seus herdeiros e sucessores.
Consignação via depósito extrajudicial	Apenas nas hipóteses de obrigação em dinheiro: – o depósito deverá ser feito em estabelecimento bancário oficial, situado no lugar do pagamento, em conta com correção monetária. Caso não haja estabelecimento bancário oficial, poderá ser feito em estabelecimento particular; – efetivado o depósito, o devedor deverá cientificar o credor por carta com aviso de recebimento, assinando o prazo de dez dias para a manifestação da recusa (feita por escrito ao estabelecimento bancário). O prazo correrá da data em que o credor receber a notificação, que deverá ser assinada por ele, sob pena de reputar-se não realizada; – esgotado o prazo sem recusa, o devedor estará liberado, ficando à disposição do credor a quantia depositada; – ocorrendo a recusa, o devedor ou terceiro poderão propor a ação de consignação, dentro do prazo de um mês, contados da cientificação da recu-

Consignação via depósito extrajudicial	sa, feita pelo estabelecimento bancário ao depositante. A petição inicial deve ser instruída com a prova do depósito e sua não aceitação; – caso a ação não seja proposta em um mês, o depósito ficará sem efeito e seu autor poderá levantá-lo. Caso queira, o devedor poderá ajuizar ação consignatória posteriormente, pois a perda de eficácia do depósito não implica decadência do direito de consignar; – cessada a eficácia do depósito extrajudicial, os juros passarão a incidir e os riscos do contrato passarão a correr por conta do devedor, até que, ajuizada a ação de consignação, seja feito novo depósito; – não cabe a renovação do depósito extrajudicial, se tiver havido recusa do credor. A solução será o ajuizamento da ação de consignação.
Foro competente	dívidas portáveis: a ação deverá ser proposta no foro do domicílio do réu, salvo se houver sido estipulado o foro do pagamento ou de eleição; dívidas quesíveis: foro do domicílio do autor, salvo eventual foro de eleição.
Petição inicial	Art. 319 do CPC juntamente com o requerimento do depósito da quantia ou da coisa devida, a ser efetivado no prazo de cinco dias. Caso já haja depósito extrajudicial, o autor deverá comprová-lo judicialmente, bem como deverá provar a recusa do credor. Caso não seja feito nenhum dos dois depósitos o processo será julgado extinto sem resolução do mérito.
Obrigação constituída por prestações sucessivas	Consignada a primeira parcela, o devedor poderá continuar consignando as demais normalmente, até a prolação da sentença, que não pode atribuir eficácia liberatória a depósitos que ainda não foram feitos. Quanto às prestações posteriores, o devedor deverá ajuizar outra demanda.
Citação	O réu será citado para levantar o depósito ou contestar. Na hipótese de levantar o depósito e dar quitação, ou de não contestar e ocorrerem os efeitos da revelia, o juiz julgará procedente o pedido, condenando o réu nas custas e nos honorários advocatícios. Se o objeto da prestação for coisa indeterminada e a escolha couber ao credor, ele será citado para exercer esse direito dentro de cinco dias, se outro prazo não lhe for atribuído por lei ou contrato. O procedimento é o previsto no art. 543 do CPC.
Resposta do réu	Prazo de 15 dias. – reconvenção: não é incompatível com a consignação, cujo caráter dúplice versa apenas sobre a cobrança do saldo remanescente, quando insuficiente o depósito; – contestação: matérias preliminares (art. 337 do CPC); no mérito poder-se-á alegar: (i) que não houve recusa ou mora em receber a quantia ou coisa devida; (ii) foi justa a recusa; (iii) o depósito não se efetuou no prazo ou no lugar do pagamento; (iv) o depósito não foi integral. Apresentada a resposta, a consignação seguirá o procedimento comum.

Alegação de insuficiência do depósito	O autor poderá completá-lo no prazo de dez dias, salvo se corresponder à prestação cujo inadimplemento implique a rescisão do contrato.
Alegação de insuficiência do depósito	Não há necessidade de que o réu formule pedido expresso de condenação do autor ao saldo remanescente; basta que conteste e apresente seus cálculos, para que o juiz determine o montante devido. Se essa alegação for a única do réu, ele poderá levantar o valor depositado, liberando apenas parcialmente o devedor. O processo seguirá, então, apenas quanto à parcela controvertida. Sempre que contestar o valor, o réu deverá indicar qual é o devido. Caso o juiz o acolha na sentença, o credor poderá promover a execução nos próprios autos.
Ação julgada procedente	Será declarado efetivado o depósito e extintas as obrigações a ele correspondentes. A decisão terá natureza de sentença, da qual cabe apelação no duplo efeito.

Quadro Comparativo entre a consignação comum e a consignação dos alugueres

Consignação comum	Consignação dos alugueres
A apelação contra a sentença que a julga é processada no duplo efeito.	A apelação contra a sentença que a julga é processada apenas no efeito devolutivo.
Depósito extrajudicial: é expressamente admitido em lei.	A questão é controvertida, embora entendamos que não há óbices.
Prazo para efetivação do depósito: cinco dias.	Prazo para efetivação do depósito: 24 horas.
Depósito insuficiente: o prazo para complementação é de dez dias e não há multa moratória para o autor. O juiz fixará o saldo a que tem direito o réu, independentemente de reconvenção.	O prazo para complementação é de cinco dias e o locador arcará com a verba de sucumbência, incluindo honorários advocatícios de 20% sobre o valor dos depósitos. Se o réu pretender cobrar o saldo remanescente terá de, necessariamente, reconvir.
Na hipótese de o réu levantar o depósito e dar quitação ou não contestar e ocorrer os efeitos da revelia, o juiz julgará procedente o pedido, declarará extinta a obrigação, condenando o réu nas custas e nos honorários advocatícios.	Se ele concordar em receber o valor oferecido ou não apresentar contestação, o juiz acolherá o pedido, declarará quitadas as obrigações condenando o réu nas custas e nos honorários advocatícios, prefixados em 20% do valor dos depósitos.
Prestações sucessivas: o autor poderá depositá-las em até cinco dias do vencimento.	Deverão ser depositadas na data dos respectivos vencimentos.

Capítulo II

DA AÇÃO DE EXIGIR CONTAS

3 INTRODUÇÃO

Aquele que administra bens, negócios ou interesses alheios deve prestar contas. Ao fazê-lo, exporá, pormenorizadamente, todos os componentes de crédito e débito que provierem da relação jurídica, apontando o resultado aritmético do saldo credor ou devedor.

Quem deve prestar contas pode ter saldo a receber ou débito a pagar, mas precisa aclarar o resultado de sua gestão. A possibilidade de ser credor não o exime de cumprir esse dever, pois só depois de apresentadas as contas é que serão conhecidos, parcela por parcela, os componentes positivos e negativos resultantes da relação.

São variadas as situações em que há o dever de prestar contas. O Código Civil obriga o tutor em face do tutelado (arts. 1.755 e s.); o sucessor provisório, em relação aos bens do ausente (art. 33); o inventariante e o testamenteiro (arts. 2.020 e 1.980) e o mandatário em relação ao mandante (art. 668). No Código de Processo Civil também há dispositivos impondo esse dever ao administrador da massa na insolvência; ao curador da herança jacente e, eventualmente, ao depositário judicial.

No Direito Comercial, a obrigação de dar contas é frequente nas sociedades e nos contratos de comissão e mandato mercantil. O administrador da falência também tem esse dever.

4 A AÇÃO DE EXIGIR CONTAS

Ao dever de prestar contas contrapõe-se o direito de exigi-las. Duas ações podem resultar disso: a que tem por finalidade exigir contas de quem deve prestá-las e a que objetiva dar contas a quem pode exigi-las, desobrigando aquele que tinha o dever de fazê-lo. A primeira terá procedimento especial, e será estudada neste capítulo; a segunda, que tinha procedimento também especial no CPC/73, passou a ter, no CPC atual, procedimento comum.

O interesse daquele que ajuiza ação de dar contas é manifesto, pois só assim poderá desonerar-se de seu encargo, sem prejuízo de cobrar eventual saldo devedor, resultante das relações jurídicas com a parte contrária. Mas a ação de dar contas passou a ter procedimento comum, devendo observar as regras do Livro I, Título I, da Parte Especial do CPC.

A ação de exigir contas, que manteve o procedimento especial, no CPC atual têm caráter dúplice. Isso significa que o réu não precisa reconvir para cobrar o saldo que for apurado em seu favor. Portanto, se as contas apontarem saldo em favor do autor, ele poderá cobrá-lo pela via executiva; idêntica possibilidade terá o réu, caso verifique-se saldo em seu benefício. Não haverá sequer necessidade de que o réu peça, na contestação, o reconhecimento de seu direito a cobrar aquilo que lhe for favorável, pois essa faculdade decorre de lei (CPC, art. 552).

Estão legitimados a propô-la aqueles que têm o direito de exigir as contas, e o legitimado passivo é aquele que tem obrigação de prestá-las.

Já foi decidido que "ao correntista que, recebendo extratos bancários, discorde dos lançamentos deles constantes, assiste legitimidade e interesse para ajuizar ação de prestação de contas visando a obter pronunciamento judicial acerca da correção ou incorreção de tais lançamentos. O interesse de agir decorre, em casos tais, do fato de que 'o obrigado a contas se presume devedor enquanto não prestá-las e forem havidas por boas'" (*RSTJ*, 60:219). A Súmula 259 do STJ autoriza os titulares de contas-correntes bancárias ao ajuizamento de ação de prestação de contas.

Nas sociedades comerciais, qualquer sócio pode exigir contas daqueles que estão gerindo ou administrando a empresa (*RT*, 740:254).

O consorciado também está legitimado a demandar a administradora para obrigá-la a dar contas, ainda que esteja inadimplente, mesmo que o grupo ainda não esteja encerrado. Em regra, o contrato de adesão condiciona a restituição das parcelas já pagas, em caso de desistência, a que tenham decorrido trinta dias do encerramento do grupo.

Mas essa condição não se impõe à prestação de contas. O egrégio Primeiro Tribunal de Alçada Civil de São Paulo já decidiu: "A empresa administradora de grupos de consorciados, como gestora de bens alheios, tem a obrigação de prestar contas aos aderentes. Não basta que se limite a apresentar planilhas informatizadas, incompletas, de difícil entendimento. Na forma da lei, as contas devem ser apresentadas em forma mercantil, isto, aliás, como regra geral e como decorrência da boa-fé que deve imperar nos contratos em geral, de modo a mostrar, sem pálio de dúvida, a posição do consorciado... O fato de o consorciado estar inadimplente não lhe retira o direito de pedir prestação de contas. O mesmo se diga quanto ao fato de o grupo ainda não estar terminado. Não está obrigado o contratante a esperar a extinção do grupo para pedir a demonstração de contas" (*JTACSP*, Lex, 133:149).

No condomínio em edifícios, já ficou assentado que "o síndico, considerado tradicionalmente pela doutrina como um mandatário do condomínio, é quem, em nome deste, pode exigir contas do administrador, não os condôminos. Já o síndico, nos termos da Lei n. 4.591, de 1964, deve contas à Assembleia Geral (art. 22, § 1º, f) e ao Conselho Consultivo (art. 23), como consta, também, da Convenção Condominial, mas não as deve aos condôminos individualmente. Se, porém, não as presta à Assembleia e ao Conselho Consultivo, nem esse órgão as pede, os condôminos, aí sim, podem exigi-las do síndico" (*JTJ*, 180:41).

Só há interesse de agir para a propositura das ações de exigir contas quando houver recusa ou mora do obrigado em prestá-las, ou quando houver divergência entre as partes quanto às parcelas de débito e crédito. Se as contas forem prestadas e aceitas extrajudicialmente, carecerá o autor de interesse para demandar.

Não se admite a ação para postular revisão de cláusula contratual, como já foi decidido pelo C. Superior Tribunal de Justiça, no Recurso Especial n. 1.497.831, rel. Min. Paulo de Tarso Sanseverino, ao qual foi dada eficácia de recurso especial repetitivo, e que transitou em julgado em 28 de junho de 2017:

"Ante o exposto, proponho a consolidação das seguintes teses para os fins do art. 543-C do CPC nos seguintes termos: – Impossibilidade de revisão de cláusulas contratuais em ação de prestação de contas; – Limitação da cognição judicial na ação de prestação de contas ao conteúdo das cláusulas pactuadas no respectivo contrato".

5 PROCEDIMENTO DA AÇÃO PARA EXIGIR CONTAS

É possível distinguir duas fases distintas no procedimento da ação proposta por aquele que pode exigir as contas. Cada uma delas tem objeto próprio: na primeira, cabe apurar se o autor tem ou não o direito de obrigar o réu a prestar as contas. Caso a resposta seja negativa, não se passará à etapa seguinte. A resposta positiva abrirá a segunda fase, em que será examinado o conteúdo das contas prestadas e se há saldo em favor do autor ou do réu. As duas fases têm natureza cognitiva. Somente depois do encerramento de ambas é que se passará ao cumprimento de sentença, caso seja apurado saldo remanescente.

A petição inicial deve cumprir as determinações do art. 319 do Código de Processo Civil, observando-se as peculiaridades do art. 550. Será requerida a citação do réu para, no prazo de cinco dias, apresentar as contas ou contestar a ação.

Citado, pode o réu tomar diversas atitudes, que repercutirão sobre o procedimento a ser observado.

Pode ocorrer que ele opte por apresentar desde logo as contas, sem contestar. Nesse caso, a primeira fase do procedimento estará superada, podendo-se passar desde logo para a averiguação do conteúdo das contas prestadas. Há, com isso, uma simplificação procedimental, pois a fase inicial ter-se-á tornado despicienda, permitindo a antecipação da seguinte.

O réu pode também optar por prestar as contas, mas contestar as alegações do autor. Ora, a apresentação das contas, desde logo, implica o reconhecimento jurídico do dever de prestá-las, e isso conduzirá à supressão da primeira fase procedimental. Passa-se diretamente à segunda etapa, de apuração do conteúdo das contas, quando então poderá o juiz apreciar tudo aquilo que o réu alegou em seu favor. Não mais poderá ser conhecida, porém, a alegação de inexistência da obrigação de dar contas, pois, desde que elas foram apresentadas, reconheceu-se o dever de fazê-lo.

É possível que o réu não conteste nem apresente as contas, tornando-se revel. A consequência será a de presumirem-se verdadeiros os fatos alegados na petição inicial, julgando-se antecipadamente o mérito, salvo se presente hipótese em que a revelia não produz os seus efeitos.

Acolhendo o pedido, o juiz proferirá sentença determinando que o réu preste as contas no prazo de quinze dias, sob pena não lhe ser lícito impugnar as que o autor apresentar.

Pode o réu, por fim, recusar-se a apresentar as contas e oferecer contestação, alegando que não tem a obrigação que lhe é atribuída. Se isso ocorrer, a ação tomará, nessa primeira fase, o rito comum, permitindo-se a produção de todas as provas relevantes. Ao final, o juiz decidirá se o réu tem ou não razão na sua recusa. Somente em caso negativo é que se passará à segunda fase do procedimento.

A reconvenção é possível, apesar do caráter dúplice da prestação de contas, pois só falta interesse de agir para que o réu postule a cobrança de eventual saldo em seu favor. No entanto, por meio de reconvenção, ele pode veicular pretensão conexa que não a de exigir o que tenha de crédito.

O ato que condena o réu a prestar contas não põe fim ao processo, marcando apenas a passagem para a segunda fase. Daí o art. 550, § 5º, referir-se a ele como "decisão". Mas se trata de uma decisão de mérito, já que o juiz decide, por meio dela, se o réu deve ou não contas ao contar, determinando que ele as preste. Daí contra ela caber agravo de instrumento, com fundamento no art. 1.015, II, do CPC.

Trata-se de decisão de mérito cominatória, que condena o réu a uma obrigação de fazer, consistente em prestar as contas ao autor, no prazo de quinze dias, sob pena de não poder impugnar as que sejam por ele apresentadas. Contra ela caberá agravo de instrumento, sem efeito suspensivo. Caso o juiz, porém, não reconheça a obrigação do réu de prestar contas, proferirá sentença de improcedências, e não haverá a segunda fase.

A determinação judicial tem de ser cumprida pelo réu em quinze dias, que serão contados da data em que ele for intimado, bastando que o seja na pessoa de seu advogado. Se ele o fizer, seguir-se-á o procedimento do § 2º do art. 550 do Código de Processo Civil: o autor terá quinze dias para manifestar-se sobre as contas apresentadas, e o processo prosseguirá na forma do Capítulo X do Título I, do Livro I da

Parte Especial, isto é, o juiz ou julgará de imediato as contas, se desnecessárias novas provas ou determinará as provas que forem necessárias e depois proferirá sentença. O silêncio do autor será interpretado como anuência, implicando a aprovação judicial delas.

Caso o réu não obedeça no prazo, ao autor será facultado oferecer, ele próprio, as contas, no prazo de quinze dias, vedando-se ao réu a possibilidade de impugná-las. Não ficará, porém, o juiz adstrito a aceitar como boas as contas prestadas nessa forma, devendo decidir segundo seu prudente arbítrio. Sempre que necessário, pode ser determinada a perícia contábil. Se o autor e o réu forem omissos, o processo não terá como prosseguir. Para pôr cobro a essa situação, o juiz mandará o autor apresentar as contas, ainda que tardiamente, sob pena de extinção do processo sem resolução de mérito, como manda o art. 485, III, do Código de Processo Civil.

Essa segunda fase termina com uma sentença, que não se limitará a declarar boas ou más as contas prestadas, mas condenará autor ou réu a pagar o saldo devedor que ficar apurado.

6 FORMA EM QUE AS CONTAS DEVEM SER PRESTADAS

De acordo com o disposto no art. 551 do Código de Processo Civil, as contas do réu serão apresentadas na forma adequada, especificando-se as receitas, a aplicação das despesas e os investimentos, se houver.

Não é necessário que elas sejam apresentadas sob forma mercantil, como exigia o CPC/73. Mas é preciso que o sejam de forma adequada, especificando-se as receitas e os investimentos. Caso o autor apresente as contas, porque o réu não as apresentou no prazo estabelecido pelo juiz, ele também deverá fazê-lo de forma adequada, instruindo-as com os documentos justificativos, especificando-se as receitas, a aplicação das despesas e os investimentos, se houver.

Todos os documentos que o apresentante tiver em seu poder, para comprovar despesas ou créditos, devem ser mostrados. Caso não haja prova escrita de alguns deles, pode ser requerida, em substituição, a testemunhal ou a técnica.

O descumprimento, pelo autor, das exigências formais permite à parte contrária impugnar as contas apresentadas.

Reconhecida, na sentença, a existência de saldo credor, será possível ao titular cobrá-lo em execução forçada, na forma do art. 552 do CPC.

7 PRESTAÇÃO DE CONTAS POR DEPENDÊNCIA

Aqueles que administram bens alheios em razão de encargo judicial devem prestar contas de sua gestão, em apenso aos autos do processo em que eles foram nomeados. É o que ocorre, p. ex., com o inventariante, tutor, curador, depositário e outro administrador qualquer.

As contas serão prestadas por determinação do juízo ou a requerimento do Ministério Público, sem constituir uma ação autônoma, mas um incidente, processado em apenso. Elas serão apreciadas pelo juiz que preside o processo em que o apresentante foi nomeado.

No entanto, pode ocorrer que um dos interessados queira exigir contas daquele que administrou os seus bens. P. ex., pode o herdeiro demandar o inventariante, exigindo as contas de sua gestão à frente do espólio. Nesse caso, haverá verdadeira ação, a ser distribuída por dependência e apensada. A razão é manifesta: o juízo onde se processou a ação principal está mais bem aparelhado para julgar as contas, visto que tem à sua disposição o processo em que o encargo constituiu-se.

Quadro sinótico – Ação de exigir contas

Tipos de ações	Ação de exigir contas de quem deve prestá-las. Procedimento especial e ação de natureza dúplice. Ação de dar contas a quem pode exigi-las, desobrigando aquele que tinha o dever de fazê-lo. Procedimento comum.
Interesse de agir	Apenas haverá interesse de agir para a propositura da ação de exigir contas se houver recusa ou mora em prestá-las, ou quando houver divergência entre as partes quanto às parcelas de débito e crédito. Não se presta a revisão de cláusulas contratuais.
Procedimento para exigir contas (1ª fase)	1ª fase: visa apurar se o autor tem ou não o direito de exigir contas do réu. Petição inicial/citação: – art. 319 do CPC. Réu citado para, em quinze dias, apresentar as contas ou contestar. Resposta do réu: – o réu apresenta as contas e não contesta; – o réu apresenta as contas e contesta;

Procedimento para exigir contas (1ª fase)	– o réu não apresenta as contas e não contesta; – o réu recusa-se em prestar as contas e contesta alegando que não tem o dever de prestá-las; – reconvenção.
Procedimento para exigir contas	Caso o juiz reconheça a obrigação de prestar contas, proferirá decisão interlocutória, passível de agravo de instrumento (art. 1.015, II), já que haverá uma segunda fase; caso ele não reconheça a obrigação, proferirá sentença, apelável. Sendo improcedente ou terminativa, põe fim ao processo. Caso seja procedente, põe fim à primeira fase do procedimento. O réu é condenado a prestar contas em quinze dias, sob pena de não poder impugnar as que forem prestadas pelo autor.
Procedimento (2ª fase)	Prestadas as contas, será examinado o seu conteúdo e se há saldo em favor do autor ou do réu. Prestadas as contas pelo réu: quinze dias para o autor manifestar-se. O juiz determinará as provas necessárias e proferirá sentença. O silêncio do autor será interpretado como anuência, implicando a aprovação das contas. Não tendo sido apresentadas as contas pelo réu: o autor poderá oferecê-las em quinze dias, vedado ao réu impugná-las. Se o autor e o réu deixarem de apresentar as contas: o processo não terá como continuar. O juiz intimará o autor para prestá-las, sob pena de extinção do processo sem resolução do mérito. Sentença: A segunda fase se encerra com uma sentença. Tal decisão declarará se as contas são boas ou más e condenará o autor ou o réu a pagar o saldo devedor apurado.
Exemplos práticos	– correntista que move ação de prestação de contas em face do banco, pois discorda dos extratos bancários, visando obter pronunciamento judicial da correção ou incorreção de tais lançamentos; – consorciado que move ação exigindo contas da empresa administradora; – o síndico do condomínio em edifício pode exigir contas do administrador, mas deve prestar contas à Assembleia Geral e ao Conselho Consultivo. Se esses dois órgãos não exigirem as contas, qualquer condômino ficará legitimado a exigi-las.

Capítulo III

DAS AÇÕES POSSESSÓRIAS

8 INTRODUÇÃO

O art. 1.196 do Código Civil define possuidor: "todo aquele que tem de fato o exercício, pleno ou não, de alguns dos poderes inerentes à propriedade". Esse conceito mostra a clara opção do legislador pela teoria objetiva da posse, na qual ela é apresentada como exteriorização da propriedade.

Por muito tempo a doutrina procurou fixar os limites que distinguem a posse de outras relações materiais com a coisa. Muitas teorias possessórias surgiram, buscando fornecer elementos bastantes para diferenciar a posse da detenção. Duas dessas teorias destacaram-se mais que as outras: a de Savigny e a da Ihering.

De acordo com Savigny, só haveria posse se à ideia originária de apreensão física da coisa (*corpus*) fosse acrescentado um elemento subjetivo (*animus*). O *corpus* sem o ânimo de ser dono configura mera detenção. O que diferencia, portanto, a posse da detenção, na sua doutrina, é a existência ou não de um elemento subjetivo, o *animus domini*, razão pela qual ela foi denominada teoria subjetiva.

Ihering fez críticas a Savigny, propugnando pela adoção de uma doutrina objetiva. Para ele, a posse é a exteriorização da propriedade. Disso resulta que, sempre que alguém aparentar ser proprietário, terá posse, ainda que não seja efetivamente dono.

Para Ihering, essa exteriorização revela-se pelo poder de fato sobre a coisa, ou seja, pela possibilidade de utilizá-la, explorá-la economicamente e influir sobre ela. A teoria objetiva diz que a posse é protegida em homenagem à propriedade, apesar de os dois institutos não se confundirem. Ela é uma forma mais pronta e eficaz de reconhecer e identificar a propriedade, embora possa ser protegida inclusive contra o dono.

Portanto, terá posse quem exercer algum dos poderes inerentes ao domínio, tais como a utilização e a exploração da coisa.

Porém, o legislador pode, a seu critério, desqualificar certas situações em que o agente tem poder de fato sobre a coisa, atribuindo-lhe apenas detenção, que, para a teoria objetiva, é excepcional. A regra é que a exteriorização do domínio, o poder de fato sobre a coisa, gere posse. Porém, a lei pode prever o contrário, desqualificando determinada situação para mera detenção.

O Código Civil traz essas hipóteses nos arts. 1.198 e 1.208. Nesses dispositivos, descreve-se uma situação em que o agente tem poder de fato, deveria ter posse, mas por opção legislativa houve a desqualificação para mera detenção.

Somente a posse enseja a propositura das ações possessórias, razão por que é imprescindível identificar qual a relação jurídica que o sujeito mantém com a coisa. Se mera detenção, não será possível o seu ajuizamento.

A posse, apesar de protegida em razão da propriedade, como mecanismo mais eficiente de identificar o dono, tem autonomia, e passa a ser protegida por si mesma, ainda contra o proprietário (*jus possessionis*). Essa observação é fundamental porque, embora o domínio seja o fundamento teórico da proteção da posse, o juízo possessório não se confunde com o petitório nem é possível que este se imiscua naquele. Desde que utilizada a via possessória, a questão da propriedade torna-se irrelevante, prescindindo-se de qualquer alegação sobre quem seja efetivamente o proprietário, já que a posse é protegida até contra este.

Aquele que tem o direito real de propriedade pode reaver a coisa de quem quer que injustamente a possua (direito de sequela, atribuído pelo art. 1.228, *caput*, do CC). O proprietário tem direito à posse da coisa (*jus possidendi*). Para obtê-la, deve valer-se de ação própria, de conteúdo petitório (ação reivindicatória, ou de imissão de posse, quando o adquirente quiser haver a coisa do alienante). Porém, se o proprietário tentar retomar a coisa à força, poderá ser demandado no juízo possessório, já que a posse também é protegida, e ninguém pode retomá-la senão pelos mecanismos adequados.

9 NATUREZA JURÍDICA DA POSSE

É longa a controvérsia sobre a natureza real ou pessoal da posse. Para muitos, o caráter real pode ser justificado pela localização dela no Código Civil, pois é a posse que abre o Livro III – Do Direito das Coisas. Mas esse critério não pode ser aceito. A posse está tratada naquele Livro porque é protegida como exteriorização do domínio, este sim direito real por excelência.

No entanto, a posse possui um caráter pessoal que parece prevalecer, por vários argumentos. Ela não foi elencada entre os direitos reais, enumerados pelo art. 1.225 do Código Civil, lembrando-se sempre que esses direitos são *numerus clausus*. Ademais, não é dotada de sequela plena, pois não se pode admitir ação possessória contra terceiros de boa-fé (CC, art. 1.212).

A opção do legislador pelo caráter pessoal evidenciou-se com a explicitação, pelo art. 73, § 2º, do Código de Processo Civil, da desnecessidade de outorga uxória nas ações possessórias, ressalvadas as hipóteses de composse ou ato praticado por ambos os cônjuges. Como nas ações reais a outorga uxória é imprescindível, a dispensa para as possessórias é sintomática, indicando a opção legislativa.

10 DA PROTEÇÃO POSSESSÓRIA

A posse gera uma série de consequências e efeitos. Dentre outros, pode-se citar a usucapião, a aquisição dos frutos colhidos pelo possuidor de boa-fé e o direito a indenização por benfeitorias.

Mas o mais característico dos efeitos é a proteção possessória, que independe da existência de qualquer outro direito sobre a coisa, atribuindo-se ao possuidor o direito de permanecer na posse até que ela lhe seja tirada por mecanismos processuais adequados, e muitas vezes demorados.

As ações possessórias não esgotam os modos de proteger a posse, pois o legislador civil atribuiu ao seu titular a possibilidade de valer-se da autotutela, empregando o desforço imediato e a legítima defesa.

Em juízo, a proteção faz-se por meio dos interditos, que são apenas três: a reintegração, a manutenção de posse e o interdito proibitório, nos quais é vedada a interferência da questão dominial, reservada ao juízo petitório. Outras ações podem veicular a questão da posse, mas não são possessórias, como os embargos de terceiro e a nunciação de obra nova, em que são legitimados o proprietário ou o possuidor.

A escolha entre as três ações possessórias depende da espécie de agressão praticada contra a posse. O procedimento variará conforme o tempo que tenha decorrido desde a data dessa agressão.

O possuidor esbulhado, turbado ou ameaçado há até um ano e um dia tem o direito de reaver a coisa liminarmente, o que significa que a ação correrá pelo rito especial. Superado o prazo de ano e dia, ainda assim ele tem o direito de reaver a sua posse, devendo utilizar, todavia, o procedimento comum.

11 CLASSIFICAÇÃO DA POSSE

São vários os critérios para classificar a posse. Para o julgamento da ação, porém, será fundamental apurar se a posse do réu é ou não injusta em relação ao autor.

Portanto, entre as muitas classificações, a que vai influir diretamente sobre o julgamento da ação possessória é a que distingue entre a posse justa e a injusta.

Para o art. 1.200 do Código Civil, posse justa é aquela que não é violenta, clandestina ou precária.

A violência, a clandestinidade e a precariedade, vícios da posse, dizem respeito ao modo como ela foi adquirida. Se com emprego de força ou grave ameaça, ela será injusta por violência; se às ocultas, sorrateiramente, será clandestina; por último, se houver inversão da *causa possessionis*, pela recusa daquele que recebeu a coisa em restituí-la, haverá precariedade.

Em todas essas circunstâncias, como a posse foi obtida ilicitamente, ela será injusta, permitindo que aquele que foi esbulhado pela violência, clandestinidade ou precariedade ajuíze ação possessória contra quem o esbulhou.

O art. 1.200 do Código Civil, porém, não esgota as hipóteses em que a posse é viciosa. Há situações de esbulho evidente, sem que estejam presentes quaisquer dos três vícios enumerados. Aquele que pacificamente ingressou em terreno alheio, à luz do dia, sem ocultar de ninguém a invasão, terá perpetrado esbulho e será demandado, sem que se possa identificar em qual dos três vícios ele incorreu.

Melhor seria que o legislador brasileiro não tivesse enumerado os vícios, dizendo que a posse é viciosa sempre que obtida de forma ilícita, sem autorização, por força própria proibida.

Uma qualidade essencial dos vícios da posse é que são sempre relativos, isto é, a posse é viciosa sempre em relação a alguém. Assim, aquele que esbulha um imóvel será possuidor injusto em relação à vítima. No entanto, instalado na coisa, esse esbulhador será protegido contra terceiro que tente uma nova invasão.

Ao apreciar a ação possessória, o juiz deve levar em conta o caráter relativo dos vícios da posse, limitando-se a apreciar se a posse do réu é injusta ou não em relação ao autor. É irrelevante para o desfecho da ação que a posse das partes seja justa ou injusta em relação às pessoas que não integram a demanda. Não é útil, p. ex., ao réu defender-se alegando que esbulhou a posse do autor, mas que este a tomou de outrem, anteriormente.

12 PECULIARIDADES DAS AÇÕES POSSESSÓRIAS

12.1. A FUNGIBILIDADE

Já foi dito, em outra passagem, que são três as ações possessórias: a reintegração, que deve ser a escolhida quando houver esbulho; a manutenção, quando houver turbação; e o interdito proibitório, nas hipóteses de ameaça.

Aquele que deseja valer-se delas deve, portanto, verificar qual o tipo de agressão que a sua posse sofreu e então ajuizar a demanda adequada.

Necessário que se identifique e se distinga o esbulho da turbação, e ambos da ameaça. O legislador relegou essa tarefa à doutrina e à jurisprudência, e não forneceu elementos para tal distinção.

O esbulho é o ato pelo qual alguém priva outra pessoa, contra a vontade dela, do poder de fato sobre a coisa. Essa privação pode ser total ou parcial, mas deve ser ilícita, e não se configura se houver apenas um incômodo ou embaraço para a utilização da coisa.

Já na turbação, a vítima mantém consigo o bem, embora sofra uma restrição, um incômodo em sua posse.

Distinguem-se os dois institutos porque no primeiro há a perda da posse (*vis expulsiva*), enquanto no segundo o possuidor mantém a coisa consigo, embora a sua utilização fique prejudicada ou dificultada (*vis inquietativa*).

Na ameaça, ainda não existe a prática de um ato material, concreto, efetivo, de agressão, mas há um perigo iminente de que isso possa ocorrer. As circunstâncias devem ser tais, que provoquem no possuidor justo receio de vir a ser turbado ou esbulhado.

Postas as distinções, parece fácil identificar qual a espécie de agressão que a posse sofreu. E, de fato, o é em muitas ocasiões. No entanto, há certas situações em que a vítima terá muita dificuldade em fazê-lo.

Assim, quando há o ingresso do invasor em uma pequena porção da área ocupada pelo possuidor, poderá surgir dúvida se ocorreu esbulho parcial ou turbação. Fica difícil determinar, com precisão, quais os limites que separam uma coisa da outra. Às vezes, o turbador incomoda de tal maneira o possuidor, reduzindo a tão pouco a sua possibilidade de utilizar a coisa, que a situação passa a avizinhar-se do esbulho.

Pode haver dificuldades até para distinguir entre esbulho e ameaça, embora no primeiro já haja ato concreto de agressão, enquanto na segunda, apenas a possibilidade de o ato vir a ocorrer. Mas, p. ex., se a ameaça incute tamanho temor que a vítima se vê obrigada a abandonar o imóvel, surgirá dúvida se houve mesmo ameaça ou esbulho.

Preocupado com essa dificuldade, e considerando que a lei material não forneceu os meios necessários para permitir uma distinção exata entre as três formas de agressão, o legislador processual solucionou o problema, admitindo, no art. 554 do Código de Processo Civil, a fungibilidade dos interditos. Em razão disso, "A propositura de uma ação possessória em vez de outra não obstará a que o juiz conheça do pedido e outorgue a proteção legal correspondente àquela, cujos requisitos estejam provados".

Em outras áreas do processo civil, admite-se igualmente a fungibilidade, como nos recursos e nas tutelas de urgência. A razão é sempre a mesma: a eventual dificuldade que pode existir para identificar qual a melhor ou a mais adequada providência jurisdicional a ser pleiteada e a ser concedida.

No sistema recursal, a fungibilidade é admitida, pois continuam a existir situações de dúvida objetiva sobre a natureza do pronunciamento judicial emitido, se sentença ou decisão interlocutória. Nas tutelas de urgência, porque incumbe ao juiz tomar aquela providência que seja a mais adequada para arredar o perigo da demora do provimento jurisdicional, facultado a ele conceder medida diversa daquela solicitada, desde que mais apropriada, em face do poder geral de cautela.

Nas ações possessórias, a fungibilidade justifica-se pela dificuldade em identificar a espécie de agressão à posse e pela possibilidade de que essa agressão venha a alterar-se no curso da demanda.

Sem o seu acolhimento, o juiz ficaria absolutamente adstrito ao pedido, e não poderia apreciar senão aquilo que foi pleiteado na petição inicial, sob pena de a sentença ser *extra petita*. Em face do art. 554 do Código de Processo Civil, terá o juiz maior liberdade para apreciar qual a providência mais adequada para proteger o autor, sem correr o risco de decidir além ou diferentemente do que foi pedido.

No entanto, a fungibilidade restringe-se às três ações já mencionadas, inexistindo entre um interdito possessório e um que não o seja. Portanto, não pode o juiz valer-se dela para julgar ação possessória como se fosse petitória ou vice-versa.

Em dois casos a fungibilidade será útil: naquele em que houver dificuldade para identificar se a agressão constitui esbulho, turbação ou ameaça e naquele em que, no curso do processo, modifica-se a forma de ofensa à posse.

No primeiro caso, deve haver dúvida objetiva sobre qual a natureza da ofensa, o que significa que não se poderá admitir a fungibilidade se houver erro grosseiro e não for possível discussão quanto à natureza da agressão perpetrada. O juiz deve verificar aquilo que está provado e conceder a providência mais adequada, ainda que não corresponda à que foi pedida. Não há necessidade de que o interdito seja expressamente convertido em outro, bastando que o juiz outorgue, ao final, o provimento mais apropriado.

Maiores dificuldades poderão surgir para a aplicação do princípio da fungibilidade nas hipóteses em que houver modificação da ofensa no curso da demanda. É possível que, em princípio, tenha havido somente ameaça ou turbação, e que, depois de proposta a ação de interdito proibitório ou de manutenção de posse, o agressor consume o esbulho.

Caso isso ocorra, será aplicável o princípio da fungibilidade, devendo o autor levar o fato ao conhecimento do juiz e produzir as provas necessárias no sentido de demonstrar que a ofensa se modificou, o que pode ser feito até a prolação da sentença.

12.2. A CUMULAÇÃO DE DEMANDAS

Uma outra peculiaridade dos interditos é a possibilidade de cumular ao pedido possessório o de: "I – condenação em perdas e danos; II – indenização dos frutos". Acrescenta o parágrafo único: "Pode o autor requerer, ainda, imposição de medida necessária e adequada para: I – evitar nova turbação ou esbulho; II – cumprir-se a tutela provisória ou final".

A particularidade não está na possível cumulação de demandas, que é sempre permitida, desde que obedecidas as condições do art. 327 do Código de Processo Civil. O que há de novo é a possibilidade de que esses pedidos sejam cumulados sem prejuízo do rito especial, isto é, sem óbice a que o juiz conceda a liminar possessória.

Também outros pedidos podem ser, em princípio, cumulados, desde que se observe o procedimento comum. Isso, *a priori*, também não obsta o emprego de técnicas processuais diferenciadas, desde que não haja incompatibilidade com o procedimento comum (art. 327, § 2º, do CPC). O CPC/73 exigia, como condição para a cumulação de pedidos que observassem procedimentos diferentes, que todos corressem pelo ordinário, o que inviabilizava o deferimento da liminar. Já o CPC atual permite a cumulação de pedidos de procedimentos diferentes, desde que se adote, para todos, o procedimento comum, sem prejuízo das técnicas processuais diferenciadas previstas nos procedimentos especiais a que se sujeitam um ou mais dos pedidos cumulados (art. 327, § 2º). Parece-nos, pois, que, no regime do CPC atual, não apenas os pedidos mencionados no art. 555, mas outros pedidos, como o de rescisão de contrato, poderão ser cumulados ao pedido possessório, sem prejuízo da liminar.

A possibilidade de cumulação daqueles pedidos elencados no art. 555 não significa que eles possam ser implícitos. A petição inicial deve mencionar, expressamente, quais os que o autor pretende ver atendidos: se só o possessório, ou também o de indenização, e os demais.

A existência das perdas e dos danos deve ficar apurada no curso da demanda, não se podendo remeter a sua apreciação para futura liquidação ou execução. Passível de ser apurado posteriormente é o *quantum debeatur*.

A indenização pelos frutos será devida, salvo se o réu demonstrar que estava de boa-fé, já que o possuidor de boa-fé faz seus os frutos colhidos. De qualquer sorte, desde o momento em que citado na ação possessória, o réu não poderá mais alegar boa-fé, e deverá restituir os frutos do imóvel.

Dentre os pedidos cumuláveis, mencionados no art. 555, o que pode trazer maior dificuldade é a imposição de medida necessária e adequada para evitar nova turbação ou esbulho ou para cumprir-se a tutela provisória ou final. A medida adequada deverá ser analisada pelo juiz em cada caso concreto. A mais comum das medidas tem sido a fixação da multa cominatória, na qual incorrerá o réu caso, no futuro, perpetre nova agressão à posse. Essa pena tem caráter pecuniário e a sua aplicação está condicionada a um evento futuro e incerto: a prática de novo esbulho ou turbação. Trata-se, portanto, de obrigação condicional.

Transitada em julgada a sentença que fixou a sanção cominatória, cumpre apreciar o que ocorrerá se o réu reincidir, perpetrando novo esbulho ou turbação. Evidentemente a multa será devida, cabendo apreciar se poderá ser executada nos próprios autos ou se terá de ser cobrada em ação autônoma, dependente de prévio processo de conhecimento, no qual se verifique se ocorreu ou não o fato gerador da multa.

O art. 514 do Código de Processo Civil estabelece que "quando o juiz decidir relação jurídica sujeita a condição ou termo, o cumprimento da sentença dependerá de demonstração de que se realizou a condição ou de que ocorreu o termo".

A leitura desse dispositivo demonstra a possibilidade da existência de uma sentença cuja execução esteja na dependência de uma condição. Assim, será possível a execução da multa nos próprios autos, desde que implementada a condição. A prova dessa circunstância deve acompanhar o requerimento de cumprimento de sentença, o que produzirá outra dificuldade, já que a demonstração da existência de um novo esbulho ou nova turbação dificilmente é feita por documentos, mas por testemunhas ou perícia, inadmissíveis no bojo da execução.

Se for possível provar por documentos a existência de nova turbação ou esbulho, nada obsta que a execução da multa seja feita nos mesmos autos, aplicando-se o art. 514 do Código de Processo Civil. Porém, se for necessária a produção de prova oral ou pericial, o interessado deverá ajuizar nova ação de conhecimento para cobrança da multa.

Uma observação importante é que, julgada procedente a ação com trânsito em julgado e cumprido o mandado de reintegração de posse, a prática de outro esbulho, em idênticas circunstâncias e pelas mesmas pessoas, não exigirá a propositura de nova possessória, bastando ao interessado requerer o revigoramento do mandado.

12.3. O CARÁTER DÚPLICE

O art. 556 do Código de Processo Civil permite ao réu, "na contestação, alegando que foi o ofendido em sua posse, demandar a proteção possessória e a indenização pelos prejuízos resultantes da turbação ou do esbulho cometido pelo autor".

Tal dispositivo, que permite ao réu formular pedido na contestação, atribui caráter dúplice às ações possessórias. Por isso, a contestação pode ter dois tipos de conteúdo: a defesa do réu e algum pedido deste contra o autor, que deve ser expressamente formulado, e terá de ser apreciado pelo juiz, na sentença.

Ao tratar do caráter dúplice, o legislador permite ao réu cumular o pedido de proteção possessória e o de indenização. No entanto, parece-nos possível, por simetria, que na contestação o réu ainda cumule os pedidos de indenização por frutos e as medidas previstas no parágrafo único, do art. 555, os mesmos pedidos que o autor pode cumular na petição inicial, sem prejuízo do rito especial.

Em hipótese alguma, contudo, será permitido ao réu requerer a concessão de liminar na contestação.

Caso o réu pretenda formular pedido diverso daqueles quatro acima mencionados, não poderá valer-se do caráter dúplice, devendo utilizar, desde que preenchidos os requisitos, a reconvenção. Assim, se o réu quiser pedir uma rescisão de contrato com a qual o pedido principal mantenha conexão, deve valer-se da reconvenção. Quanto àqueles pedidos acima indicados, ele não tem interesse para reconvir, devendo formulá-los na contestação.

12.4. A EXCEÇÃO DE DOMÍNIO

Já se ressaltou que o juízo possessório não se confunde com o petitório, e que a titularidade do domínio é relevante para este, mas não para aquele, porque a posse pode ser protegida até mesmo contra o proprietário. Porém, a possibilidade de interpenetração entre os dois juízos remanesce controversa.

A redação do art. 505 do antigo Código Civil, parcialmente revogado pelo art. 923 do Código de Processo Civil de 1973, trouxe muita polêmica. Dividido em duas partes, esse dispositivo, em princípio, afastava a possibilidade de discussão dominial no juízo possessório, aduzindo que "não obsta à manutenção, ou reintegração na posse, a alegação de domínio, ou de outro direito sobre a coisa". No entanto, a segunda parte do artigo parecia contradizer a primeira, determinando que "não se deve, entretanto, julgar a posse em favor daquele a quem evidentemente não pertencer o domínio".

Inúmeras foram as tentativas de conjugar as duas partes que, para muitos, eram inconciliáveis.

Em meados da década de 40, porém, já prevalecia o entendimento de que a interpretação deveria ser esta: em princípio, no juízo possessório, não se admite a exceção de domínio, devendo o juiz decidir exclusivamente em favor daquele que provar a melhor posse. No entanto, quando ambas as partes arrogam-se, no curso do processo, a qualidade de proprietários, tão só nesse caso, o juiz não poderá decidir a favor daquele a quem, de modo evidente, não pertencer a propriedade.

A exceção de domínio ficaria restrita, assim, àquelas hipóteses em que ambos os contendores disputam a posse fundada na propriedade (*jus possidendi*).

Essa interpretação conciliatória acabou consagrada pela Súmula 487 do Supremo Tribunal Federal: "Será deferida a posse a quem, evidentemente, tiver o domínio, se com base neste for ela disputada".

Portanto, o juiz só poderia decidir uma ação possessória com base na propriedade, se ambas as partes invocassem a qualidade de donas da coisa. Do contrário, a ação só poderia ser julgada com base na posse.

Quando a questão parecia pacificada, entrou em vigor o Código de Processo Civil de 1973, que trazia um dispositivo que causou também enorme celeuma. O art. 923, também dividido em duas partes, estabelecia: "Na pendência do processo possessório, é defeso, assim ao autor como ao réu, intentar a ação de reconhecimento de domínio. Não obsta, porém, à manutenção ou à reintegração na posse a alegação de domínio ou de outro direito sobre a coisa; caso em que a posse será julgada em favor daquele a quem evidentemente pertencer o domínio".

A segunda parte desse artigo cuidou da questão da exceção de domínio de forma ligeiramente diferente da segunda parte do art. 505 do antigo Código Civil. Neste, a exceção de domínio era tratada de forma negativa: "não se deferirá a posse em favor daquele a quem evidentemente não pertencer o domínio". No Código de Processo Civil, a exceção foi disciplinada de forma positiva: "a posse será julgada em favor daquele a quem evidentemente pertencer o domínio".

Ao entrar em vigor, o art. 923, segunda parte, do Código de Processo Civil revogou, tacitamente, o art. 505, segunda parte, do antigo Código Civil, já que passou a tratar da exceção de domínio usando fórmula ligeiramente diferente, conforme já ressaltado.

Porém, foi breve a vigência da segunda parte do art. 923, revogada pela Lei n. 6.820/80. Suprimida a segunda parte do dispositivo, não voltou a vigorar a segunda parte do art. 505, pois a repristinação não foi expressamente prevista.

Portanto, ficaram revogados os dois dispositivos que permitiam a interferência do juízo petitório no possessório. Com isso, eliminou-se qualquer possibilidade de admitir a exceção de domínio no Brasil, não sendo mais possível utilizar a Súmula 487 do Supremo Tribunal Federal, elaborada com base nos dispositivos revogados.

O Código Civil atual não deixa dúvidas quanto à impossibilidade de o réu, em ação possessória, valer-se da exceção de domínio. O art.

1.210, § 2º, estabelece: "Não obsta à manutenção ou reintegração na posse a alegação de propriedade, ou de outro direito sobre a coisa".

Isso quer dizer que o juiz deverá decidir a ação possessória exclusivamente em favor daquele que provar melhor posse, sem qualquer indagação a respeito da propriedade, que deverá ser discutida na via própria.

Muitos sustentam que a exceção de domínio sobrevive, naquelas situações em que não se consegue apurar qual a melhor posse. Assim, quando nem o autor nem o réu conseguirem provar que têm direito à posse, o juiz deverá decidir em favor de quem for o dono. A solução, todavia, não nos parece adequada, já que o art. 373 do Código de Processo Civil, que cuida das regras do ônus da prova, oferece solução para tais situações, determinando que o juiz julgue em desfavor daquele que tinha de provar e não o fez.

A Lei n. 6.820/80, que eliminou a exceção de domínio, no Brasil, não atingiu, porém, a primeira parte do art. 923 do CPC/73, que remanesce íntegra: "Na pendência do processo possessório, é defeso, assim ao autor como ao réu, intentar a ação de reconhecimento do domínio". A mesma regra é acolhida no art. 557 do CPC atual, que tem a seguinte redação: "Na pendência de ação possessória é vedado, tanto ao autor quanto ao réu, propor ação de reconhecimento do domínio, exceto se a pretensão for deduzida em face de terceira pessoa".

Preocupados com as consequências desse dispositivo, que parece manietar o proprietário, impedindo a defesa da titularidade da coisa, muitos juristas procuraram reduzir-lhe a extensão.

Assim, Adroaldo Furtado Fabrício, invocando tese sufragada pelo Simpósio de Processualistas, reunido em 1975, na cidade de Curitiba, conclui que só valerá a limitação se pender ação possessória na qual a posse seja disputada a título de domínio, ou seja, naquelas ações em que for invocada a exceção de domínio.

Essa tese, porém, é de 1975, quando ainda vigorava o art. 923, segunda parte, do Código de Processo Civil de 1973, admitindo a exceção de domínio. Com a supressão desse dispositivo, pela Lei n. 6.820/80, não tem sentido limitar a vedação contida no art. 557 às hipóteses de ação possessória em que haja exceção de domínio, porque esta não é mais admitida pelo nosso sistema.

O art. 557 demonstra a preocupação do legislador em afastar da discussão possessória qualquer possibilidade de introdução da questão dominial. Permitir que, na pendência da ação possessória, ajuíze-se a reivindicatória, com eventual possibilidade de reconhecimento de conexão entre as ações por identidade do objeto mediato, seria permitir por via transversa a burla à vedação da *exceptio domini*.

Portanto, a interpretação há de ser mesmo a restritiva. Enquanto pender a ação possessória, será vedado ao autor e ao réu valerem-se do juízo petitório.

Assim, se o proprietário pretende reaver a posse da coisa, ele deve ajuizar ação reivindicatória. Se, em vez disso, tomar a coisa para si à força, o possuidor esbulhado poderá demandá-lo, em ação possessória, sendo inútil ao réu invocar sua qualidade de proprietário, já que vedada a exceção de domínio. E só depois de encerrado o juízo possessório é que o proprietário poderá valer-se do petitório.

Está superada a questão da inconstitucionalidade do art. 557, primeira parte, por ofensa aos direitos do dono, impedindo-o de reclamar a titularidade da coisa, em detrimento do princípio constitucional da garantia à propriedade. O Supremo Tribunal Federal já se pronunciou, afastando essa tese (*RTJ*, 91:594), porque o proprietário não fica definitivamente impedido de recuperar a coisa, já que, esgotada a via possessória, será possível utilizar a petitória.

A infração ao veto implicará a extinção da ação dominial, sem resolução de mérito, por falta de um pressuposto processual negativo. Com efeito, a inexistência de ação possessória em curso erige-se em pressuposto processual, e, como tal, constitui objeção processual a ser apreciada a qualquer tempo, por requerimento das partes ou de ofício pelo juiz.

13 PROCEDIMENTOS ESPECIAL E COMUM

O procedimento das ações possessórias poderá ser especial ou comum.

Para identificar qual o rito apropriado, é preciso apurar se a agressão à posse ocorreu há até um ano e um dia ou há mais tempo. No primeiro caso, a ação será de força nova, e terá rito especial; no segundo, o rito será o comum.

Se a agressão à posse ocorreu há até ano e dia, o rito será sempre especial, seja a coisa móvel ou imóvel. O decurso de mais de ano e dia obrigará a adoção do rito comum, para ambas as espécies de bem.

A diferença fundamental entre o rito especial e o comum é que só naquele haverá a possibilidade de concessão da liminar. Afora isso, não há distinção entre as ações de força nova e de força velha.

No entanto, seja de uma ou de outra natureza, a ação será possessória. Isso significa que os vícios da posse não se convalescem após o prazo de ano e dia. A posse continua a ser injusta, mesmo depois desse prazo. A superação do ano e dia não impede o possuidor esbulhado ou turbado de reintegrar-se ou manter-se na posse, fazendo uso do juízo possessório, mas repercute no rito a ser adotado e na possibilidade de concessão ou não da liminar.

O prazo conta-se da data em que se consumou o esbulho (a perda da posse) ou a turbação (limitação ao livre exercício da posse).

Se o possuidor estiver ausente, a posse só se considerará perdida, passando a fluir o prazo de ano e dia, quando ele, tendo notícia da ocupação, abstém-se de retomar a coisa, ou, tentando recuperá-la, é violentamente repelido (CC, art. 1.224).

Esse dispositivo é importante porque mostra que o prazo de ano e dia, no caso do ausente, corre da data em que ele teve ciência do esbulho ou da turbação, e não propriamente da data em que a ocupação se efetivou.

Quando o esbulho ocorrer por precariedade, o prazo de ano e dia contar-se-á do momento em que houver a prática de algum ato efetivo, que demonstre que o possuidor inverteu o seu ânimo em relação à coisa, recusando a restituí-la ou a cumprir as determinações de quem lhe entregou.

Se houver turbações sucessivas, e os atos turbativos não se apresentarem como continuação uns dos outros, elas deverão ser consideradas autônomas, de sorte que o prazo reiniciará após cada reiteração.

14 CAUÇÃO

Nas ações possessórias de força nova, o juiz, desde que preenchidos os requisitos, concederá uma liminar, atendendo, logo no início do processo, ao pedido formulado pelo autor. Essa decisão, porém, é tomada em cognição superficial, quando o réu nem sequer teve possibilidade de manifestar-se e apresentar suas alegações.

Há, portanto, o risco de a liminar ser concedida, mas a ação, ao final, ser julgada improcedente, revertendo-se a situação. Se isso ocorrer, possivelmente o réu terá sofrido danos, pois, apesar de ter razão, viu-se privado da coisa por determinado tempo.

O legislador, procurando arredar o perigo de que esses danos se tornem irreparáveis, previu a possibilidade de o réu requerer ao juiz que obrigue o autor a apresentar caução que garanta os prejuízos, caso ele decaia da ação. O art. 559 do Código de Processo Civil dispõe: "Se o réu provar, em qualquer tempo, que o autor provisoriamente mantido ou reintegrado na posse carece de idoneidade financeira para, no caso de decair da ação, responder por perdas e danos, o juiz designar-lhe-á o prazo de 5 (cinco) dias para requerer caução, real ou fidejussória, sob pena de ser depositada a coisa litigiosa, ressalvada a impossibilidade da parte economicamente hipossuficiente".

Os requisitos para que o juiz imponha caução estão explicitados no dispositivo: que haja requerimento do réu, pois o juiz não fixará a caução de ofício; que o autor tenha sido mantido ou reintegrado provisoriamente na posse por meio de liminar; e que o réu demonstre que o autor carece de idoneidade financeira para suportar os prejuízos que advirão de eventual improcedência do pedido.

O requerimento de caução será feito nos próprios autos, e não permitirá a produção de outras provas que não as documentais. Do contrário, haverá uma instrução incidente, no bojo da ação, e sem nenhuma relação com ela, apenas para prova da inidoneidade financeira, prejudicando o bom andamento do processo.

Essa prova documental pode ser constituída, p. ex., de certidões de protesto ou dos distribuidores cíveis que mostrem que o autor está sendo executado.

A caução será real ou fidejussória, podendo ser determinada pelo juiz a qualquer tempo. Não apresentada, a coisa será entregue a um depositário nomeado por ele.

15 PROCEDIMENTO ESPECIAL

15.1. COMPETÊNCIA

Quando a coisa litigiosa for imóvel, será competente para processar e julgar a ação possessória o foro de situação da coisa. A regra é de competência absoluta, e não pode ser derrogada ou modificada. Quando for móvel, a ação processar-se-á no domicílio do réu.

15.2. LEGITIMIDADES ATIVA E PASSIVA

O autor será o possuidor esbulhado, turbado ou ameaçado. É irrelevante que ele seja ou não titular de direito real, bastando que tenha a posse. O mero detentor não tem ação possessória porque não tem posse.

Também são legitimados os sucessores do possuidor: "O sucessor universal continua de direito a posse do seu antecessor; e ao sucessor singular é facultado unir sua posse à do antecessor, para os efeitos legais" (CC, art. 1.207).

Qualquer tipo de posse autoriza o seu titular a ajuizar a ação: a direta e a indireta; a natural e a civil ou jurídica; e a justa e injusta, observando-se que o critério do justo e do injusto é sempre relativo. Assim, aquele que tenha esbulhado a coisa terá posse injusta em relação à vítima, mas poderá ser considerado possuidor justo e ajuizar ação possessória contra um terceiro que tente tomar-lhe a coisa indevidamente.

Quando houver composse, qualquer dos titulares estará legitimado a, individualmente, ajuizar a ação (CC, art. 1.199). Se todos ajuizarem conjuntamente, haverá um litisconsórcio facultativo unitário. Se a demanda for proposta por só um, para reaver a coisa na sua integralidade, haverá uma situação de substituição processual, já que o autor estará postulando de volta a sua parte na posse e a parte dos demais. Em razão desse fenômeno, todos os compossuidores, ainda os que não foram parte, serão atingidos pela coisa julgada, e não poderão repropor a ação, cabendo-lhes, se o quiserem, requerer o ingresso no processo na qualidade de assistentes litisconsorciais.

O legitimado passivo é o autor do esbulho, da turbação ou da ameaça. Se a agressão à posse foi praticada por um preposto, o legitimado passivo será o preponente. É possível ajuizar ação contra menor púbere, assistido por seus pais ou responsável, mas não contra menor impúbere, que não pratica ato ilícito. Nesse caso, a ação deve ser promovida em face do responsável pela guarda ou vigilância do incapaz.

Nada impede que o polo passivo da ação seja ocupado por pessoa jurídica, se o ato molestador for praticado por alguém em nome dela. Mesmo que de direito público, a pessoa jurídica pode ser demandada, porque nem mesmo ao Estado é dado desapossar alguém sem o devido processo legal. A única peculiaridade da ação possessória, nesse caso, é que a liminar não pode ser concedida sem prévia audiência dos respectivos representantes judiciais.

Porém, se pessoa jurídica dessa natureza já tiver construído na área tomada obra pública, ou a tiver destinado a determinada finalidade pública, não caberá mais a ação possessória, em razão do princípio da intangibilidade da obra pública. Restará ao prejudicado postular reparação de danos pela perda da área, em ação de desapropriação indireta.

15.3. A PETIÇÃO INICIAL

Todos os requisitos do art. 319 do Código de Processo Civil devem ser preenchidos. Entre eles, o da indicação do nome e da qualificação das partes.

Pode ocorrer, contudo, que o autor não tenha como apontar quem são os invasores, porque os desconhece e não tem meios para identificá-los. Essa dificuldade manifesta-se, p. ex., nas hipóteses de grandes invasões, em que centenas de pessoas tomam determinada área, sem que seja possível identificá-las.

Nesse caso, figurarão no polo passivo todos os invasores, devendo a petição inicial indicar o nome daqueles que puderam ser identificados. Se nenhum nome foi apurado, a inicial fará menção apenas aos ocupantes da área. O art. 554, § 1º, do CPC manda que, no caso de figurar no polo passivo um grande número de pessoas, seja feita a citação pessoal dos que forem encontrados no local e por edital dos demais. O oficial de justiça procurará os ocupantes no local por uma vez, citando-se por edital os que não forem encontrados. Determina-se ainda que o juiz dê ampla publicidade sobre a existência da ação e dos respectivos prazos processuais podendo valer-se, para tanto, de anúncios em jornal ou rádio locais, da publicação de cartazes na região do conflito e de outros meios (art. 554, §§ 1º e 3º). Nos casos de grandes invasões, deverá haver intimação do Ministério Público e, havendo pessoas em situação de hipossuficiência econômica, também da Defensoria Pública.

O autor deve descrever com clareza o bem que quer reaver. Se imóvel, deve indicar-lhe os contornos, precisando sua localização de forma a individuá-lo e distingui-lo dos demais. Se móvel, deve fornecer todos os elementos suficientes para identificá-lo.

A petição inicial apontará também a data em que ocorreu a agressão à posse, para que se possa apurar qual o rito a ser empregado.

Requisito indispensável é a descrição, pelo autor, da sua posse e do ato que a molestou. Ele deve demonstrar que tem ou teve posse, e que, por isso, pretende reavê-la ou mantê-la. Deve descrever também, com precisão, em que consistiu o esbulho, a turbação ou a ameaça perpetrados pelo réu.

Não atendidos esses requisitos, a petição inicial não poderá ser recebida, cabendo ao juiz determinar que o vício seja sanado no prazo de dez dias, sob pena de indeferimento.

15.4. A LIMINAR

O que diferencia as ações de força nova e velha é que somente naquelas o juiz pode conceder liminar.

Para que ela seja deferida, deve o autor provar: "I – a sua posse; II – a turbação ou o esbulho praticado pelo réu; III – a data da turbação ou do esbulho; IV – a continuação da posse, embora turbada, na ação de manutenção, ou a perda da posse, na ação de reintegração" (CPC, art. 561).

A cognição para o deferimento da liminar será ainda superficial, pois o juiz só terá tido oportunidade de examinar os elementos trazidos pelo autor. Portanto, não cabe exigir, aqui, prova cabal e definitiva do preenchimento dos requisitos, bastando a plausibilidade de que os fatos tenham ocorrido tal como descritos na inicial. Não se trata, por outro lado, de um juízo inconsequente, de mera possibilidade, mas de verdadeira plausibilidade.

Importante a prova da data do ato molestador, porque o juiz ficará impedido de conceder liminar se ultrapassado o limite do ano e dia.

A medida não é tutela de urgência, pois não resguarda nem protege o provimento final dos efeitos maléficos do tempo. A liminar possessória não tem natureza cautelar, prescindindo da demonstração do *periculum in mora*.

O que ela faz é atender, ainda que em caráter provisório, a pretensão do autor, satisfazendo e antecipando os efeitos do provimento final, independentemente de haver perigo de risco ou risco ao provimento. Assim, se o autor requerer a reintegração da posse, a concessão da liminar será bastante para que ele já recupere, desde logo, a posse perdida. Se postulada a manutenção, desde a concessão da liminar serão tomadas as providências para que o autor permaneça com a coisa.

Inegável, portanto, que a medida tem o caráter de tutela antecipatória, com requisitos próprios, típica das ações possessórias de força nova. Não há necessidade, para a sua concessão, de obediência aos requisitos genéricos do art. 300 do Código de Processo Civil, pois essa liminar é uma espécie de tutela antecipatória típica, com requisitos próprios: a prova dos fatos elencados no art. 561 do Código de Processo Civil. A tutela de urgência genérica, cujos requisitos estão previstos no art. 300, o autor poderá requerer, porém, na possessória de força velha, em que o rito é comum, sem liminar. Isso não equiparará as ações de força nova e as de força velha, porque são muito distintos os requisitos para a concessão da liminar típica e para o deferimento da tutela antecipada genérica.

Caso a petição inicial esteja suficientemente instruída, trazendo ao juiz elementos de convicção bastantes, ele concederá a liminar de plano, antes mesmo que o réu tenha sido citado. Após a concessão da liminar, o autor promoverá a citação do réu no prazo de cinco dias, e o prazo de contestação, que é de quinze dias, correrá da data da juntada aos autos do mandado de citação devidamente cumprido.

Se a posse não puder ser provada por documentos, o juiz não terá elementos para deferir a liminar de plano. No entanto, poderá o autor requerer a designação de audiência de justificação, cuja finalidade é permitir a ele demonstrar que preenche os requisitos para a obtenção da medida. Há controvérsia se essa audiência depende de requerimento do autor, ou se pode ser designada de ofício pelo juiz, quando entender que os requisitos da liminar não estão comprovados de plano. Parece-nos que, requerida a liminar, se o juiz não estiver convencido desde logo a concedê-la, com base nos elementos de prova que acompanham a inicial, deverá designar a audiência de justificação, ainda que esta não tenha sido expressamente requerida. Se insuficientes os elementos trazidos, não há razão para que o juiz indefira a liminar de imediato, sendo necessário que primeiro designe audiência de justificação, dando ao autor nova oportunidade para demonstrar o alegado. Essa a interpretação que resulta da leitura do art. 562, no qual se estabelece que o juiz determinará a realização da audiência se não puder conceder desde logo a liminar.

15.5. A AUDIÊNCIA DE JUSTIFICAÇÃO

Sempre que o juiz determinar a justificação, o réu será citado para comparecer à audiência que for designada. O prazo para contestação ainda não se terá iniciado, cabendo a ele apenas, se quiser, fazer-se presente na audiência.

O juiz não pode realizar a justificação antes que o réu tenha sido citado. No entanto, como a finalidade dessa audiência é permitir ao autor produzir provas bastantes para obter a liminar, a participação do réu é restrita, não lhe sendo dado arrolar testemunhas. Poderá, no entanto, reperguntar às testemunhas do autor e oferecer contradita, em caso de suspeição ou impedimento.

Tem-se admitido que o juiz ouça testemunhas do réu, caso não se sinta suficientemente esclarecido e queira ter maiores elementos para apreciar a liminar. O réu não pode, porém, exigir a audição das testemunhas, cabendo ao juiz fazê-lo se quiser. Isso não ofende o princípio do contraditório, que é diferido. Mais tarde, o réu terá toda a oportunidade de apresentar as suas alegações.

Feita a justificação, o juiz apreciará a liminar. Também nesse caso a medida é concedida sem a audição do réu, cujo prazo para contestar nem sequer terá iniciado. Como o réu já está citado, o prazo de contestação correrá da data em que ele for intimado da decisão que deferiu ou não a liminar.

Quando ela for apreciada na própria audiência, o réu sairá intimado, e o prazo de contestação, que é sempre de quinze dias, começará a correr. Se o juiz não decidir na audiência, o prazo fluirá somente com a intimação do réu. Se ele já tiver constituído advogado, a intimação far-se-á pela imprensa oficial; se não, ele terá de ser pessoalmente intimado, correndo o prazo da data da juntada aos autos do mandado de intimação cumprido.

15.6. RECURSO CONTRA A DECISÃO LIMINAR

Como a decisão liminar é interlocutória, o recurso cabível é o agravo de instrumento.

Interposto o recurso, poderá o juiz valer-se do juízo de retratação, modificando o que ficara decidido. Se houver reconsideração cabal, o agravo fica prejudicado.

Quando a liminar for concedida, querendo-se evitar o cumprimento da medida, será necessário requerer ao relator do recurso a concessão de efeito suspensivo, nos termos do art. 1.019, I, do CPC.

Caso a liminar seja negada, o autor poderá agravar, requerendo a concessão de efeito ativo ao recurso, isto é, que a segunda instância conceda aquilo que foi negado pela primeira. Quando não houver recurso, o juiz não poderá reconsiderar a decisão que apreciou a liminar, salvo diante de fatos novos que venham aos autos.

15.7. A RESPOSTA DO RÉU

O prazo para resposta é de quinze dias, podendo o réu apresentar a contestação e até a reconvenção, desde que esta não contenha pedidos que devam ser feitos na própria contestação, por força do caráter dúplice das ações possessórias. Diante do disposto especificamente no art. 564 do CPC, não se realiza, na ação possessória de força nova, audiência preliminar de tentativa de conciliação, e o prazo de contestação começará, não havendo audiência de justificação de posse, da juntada aos autos do aviso de recebimento ou do mandado de citação cumpridos.

Não há nenhuma peculiaridade no procedimento, que será sempre o comum, após o oferecimento de resposta. A especificidade do rito resume-se à fase inicial, de concessão da liminar.

15.8. AS AÇÕES POSSESSÓRIAS SÃO EXECUTIVAS *LATO SENSU*

Transitada em julgado a sentença, ou não cabendo mais recurso dotado de efeito suspensivo, expede-se mandado de reintegração ou manutenção de posse. A condenação em perdas e danos, a indenização pelos frutos e a sucumbência serão executadas na forma do art. 523 do CPC.

Não haverá execução para entrega de coisa certa, bastando expedir-se o mandado para cumprimento da sentença. Caso o réu tenha feito benfeitorias necessárias e úteis na coisa, e queira invocar o seu direito de retenção, terá de fazê-lo na contestação. Como a possessória é executiva *lato sensu*, não haverá oportunidade em execução.

Embora haja decisões, que nos parecem acertadas, permitindo a invocação do direito de retenção após a sentença, antes que o mandado tenha sido cumprido, tende a jurisprudência a considerar que o momento oportuno para alegação é mesmo a contestação. Nela, o réu já deverá descrever quais as benfeitorias que fez, solicitando ao juiz que, em caso de procedência, condicione o cumprimento do mandado ao ressarcimento delas.

Grande dificuldade poderá surgir se for concedida a liminar, porque possivelmente o mandado será cumprido antes que o réu tenha podido invocar o direito de retenção. Em casos assim, ele deve interpor agravo de instrumento, solicitando a concessão de efeito suspensivo, para evitar perigo irreparável, qual seja, a perda do direito de retenção.

15.9. LITÍGIO COLETIVO PELA POSSE DO IMÓVEL

O CPC tratou, em dois dispositivos específicos, das ações possessórias que envolvam litígios coletivos pela posse do imóvel. Trata-se do arts. 554, § 1º, e 565. Por litígio coletivo deve-se entender aquele que envolve um grande número de pessoas, que podem figurar tanto no polo ativo quanto no polo passivo, embora esta última hipótese seja a mais comum. No item 15.3 *supra*, já foi examinada a questão da citação, nos processos em que grande número de pessoas figure no polo passivo. O problema é solucionado pelos §§ 1º a 3º do art. 554.

Com relação ao procedimento, quando a possessória versar sobre litígio coletivo pela posse de imóvel, seja rural, seja urbano, e o esbulho ou a turbação tiver ocorrido há mais de ano e dia, o juiz, antes de apreciar o pedido de concessão de medida liminar, designará audiência de mediação, a realizar-se em até trinta dias, com a intimação do Ministério Público para dela participar, podendo ainda intimar os órgãos responsáveis pela política agrária e urbana da União, do Estado ou do Distrito Federal, e do Município onde se situe a área objeto do litígio, a fim de se manifestarem sobre o seu interesse na causa e a existência de possibilidade de solução para o conflito possessório (CPC, art. 565). A liminar a que se refere esse dispositivo só pode ser a tutela provisória genérica, regulada pelos arts. 300 e s., uma vez que, depois de passado ano e dia, não cabe mais a liminar específica das ações possessórias.

Se a possessória for de força nova, a liminar será apreciada na forma comum, estabelecida no art. 562, isto é, de plano ou após a audiência de justificação. Porém, se já tiver passado mais de ano e dia e for requerida liminar genérica, dever-se-ão cumprir as exigências do art. 565: a apreciação da medida será forçosamente precedida não de audiência de justificação, mas de mediação. Também será designada essa audiência de mediação se, embora deferida a liminar, ela não tiver sido executada no prazo de um ano, a contar da data da distribuição. Aqui, a mediação não precederá o deferimento da liminar, mas a sua execução. A ideia é que, se os invasores, em grande número, já estiverem estabelecidos na área há mais de ano e dia, se tente, antes do deferimento ou da execução da medida, a solução consensual do litígio, com a intervenção do Ministério Público e eventual manifestação dos órgãos públicos responsáveis pela política agrária, além da Defensoria Pública, se houver beneficiários da justiça gratuita.

16 DO INTERDITO PROIBITÓRIO

É a terceira das ações possessórias, cabendo àquele que tenha justo receio de ser molestado em sua posse. A finalidade do interdito é preventiva, pois terá havido apenas uma ameaça. Nenhum ato concreto, material e efetivo de agressão foi praticado, mas o autor teme que sua posse venha a ser molestada.

Ele pedirá, então, ao juiz que o segure da turbação ou do esbulho iminente, mediante mandado proibitório, em que se comine ao réu determinada pena pecuniária, caso transgrida o preceito (CPC, art. 567).

A procedência da ação imporá ao réu uma condenação – a obrigação de não fazer – e fixará sanção pecuniária para a hipótese de transgressão.

O temor subjetivo e o receio infundado não autorizam a propositura da ação. A ameaça há de ser grave, fundada e séria, hábil a trazer ao possuidor o justo receio de que sua posse venha a ser molestada. A ameaça há de ser também a de um mal injusto, inexistindo ante a perspectiva do exercício regular de um direito. Assim, se o proprietário ajuíza ação reivindicatória da coisa, não cabe ao possuidor promover interdito proibitório argumentando que teme ver-se desapossado do bem.

Exige-se, ainda, que a ameaça seja de agressão iminente. A possibilidade de um ato molestador em um futuro distante retira à ameaça a seriedade necessária.

A fungibilidade dos interditos possessórios vale também para o interdito proibitório. Assim, se no seu curso a ameaça concretizar-se, o juiz determinará, na sentença, a providência necessária para manter ou reintegrar o autor na posse da coisa.

O procedimento do interdito proibitório é igual ao das demais ações possessórias. É cabível, portanto, a concessão de liminar, que consistirá na expedição de mandado proibitório e na fixação de pena para o descumprimento do preceito *initio litis*. Se isso ocorrer, e a ameaça concretizar-se depois da concessão da liminar, o réu incorrerá na multa, sem prejuízo de a sentença determinar a manutenção ou a reintegração do autor na posse.

Teorias da posse

– Savigny (teoria subjetiva da posse): dois elementos na posse: *corpus*, consubstanciado na apreensão física da coisa; e *animus*, consistente no ânimo de dono (elemento subjetivo – *animus domini*). O *corpus* sem o *animus* configuraria mera detenção.

– Ihering (teoria objetiva da posse): posse é a exteriorização da propriedade. Sempre que alguém aparentar ser proprietário, terá posse, ainda que não seja dono. A exteriorização revela-se no poder de fato sobre a coisa. Terá posse quem possa exercer alguns dos poderes inerentes ao domínio, tais como a utilização e a exploração da coisa. É a teoria adotada pelo ordenamento jurídico brasileiro (CC, art. 1.196).

Da proteção possessória

– Proteção possessória: o possuidor tem o direito de permanecer na coisa até que ela lhe seja tirada por mecanismos processuais adequados.

– Proteção extrajudicial: autotutela, por meio do desforço imediato e da legítima defesa.
– Proteção judicial: reintegração de posse, manutenção de posse e interdito proibitório.
Observação: os vícios da posse são sempre relativos, isto é, a posse é viciosa em relação a alguém. O Juiz deve levar em conta o caráter relativo dos vícios da posse, limitando-se a apreciar se a posse do réu é injusta ou não em relação ao autor.

Critério relevante para o julgamento das possessórias
Posse justa: adquirida de maneira lícita. Posse injusta: adquirida ilicitamente, com emprego de violência, clandestinidade, precariedade (recusa em retribuir) ou qualquer outro meio indevido.

Peculiaridades das ações possessórias	– Fungibilidade (entre as ações possessórias e não entre possessórias e petitórias). – Cumulação das demandas (art. 555 do CPC) – condenação em perdas e danos, indenização pelos frutos e imposição de medida necessária para evitar nova turbação ou esbulho.

Exceção de domínio
Art. 557 do CPC: "Na pendência de ação possessória, é vedado, tanto ao autor quanto ao réu, propor ação de reconhecimento de domínio, exceto se a pretensão for deduzida em face de terceira pessoa". Não vigora a Súmula 487 do Supremo Tribunal Federal, que permitia a exceção de domínio. O juiz deverá decidir a ação possessória exclusivamente em favor daquele que provar melhor posse, sem qualquer indagação a respeito da propriedade. Enquanto pender ação possessória será vedado ao réu e ao autor valerem-se do juízo petitório. Só depois de encerrado o juízo possessório é que o proprietário poderá valer-se do petitório, sob pena de sua ação ser extinta sem resolução do mérito, por falta de um pressuposto processual negativo.

Quadro sinótico – Ações possessórias

Espécies	Reintegração de posse: quando houver esbulho. Manutenção de posse: em caso de turbação. Interdito proibitório: se houver ameaça. Havendo dúvida sobre o tipo de agressão, aplica-se a fungibilidade.	
Procedimento	Especial	Será utilizado quando a ação possessória for de força nova, intentada menos de um ano e dia da agressão. Pode ser utilizada tanto para bens móveis quanto imóveis. Caracteriza-se pela possibilidade de concessão de liminar.

Procedimento	Comum	Quando a ação possessória for de força velha, por datar mais de ano e dia da agressão à posse. Também pode ser usada para bens móveis ou imóveis.
Contagem do prazo	Regra: conta-se da data em que se consumou o esbulho (perda da posse) ou a turbação (limitação ao livre exercício da posse).	

Procedimento especial

Competência	Coisa imóvel: foro da situação da coisa (competência absoluta). Coisa móvel: foro do domicílio do réu.
Legitimidade	Ativa – Possuidor esbulhado, turbado ou ameaçado. – Sucessores do possuidor (art. 1.207 do CC – sucessor universal e singular). – Composse: qualquer dos titulares poderá ajuizar a ação individualmente. Passiva – Autor do esbulho, turbação ou ameaça. – Preposto. – Menor púbere. – Pessoa jurídica de direito privado. – Pessoa jurídica de direito público.
Petição inicial	Art. 319 do CPC. Identificação precisa do bem. Identificação e qualificação das partes. Admite-se a ação, mesmo que os invasores não sejam identificados. Necessidade de indicar a data da agressão à posse e em que ela consistiu.
A liminar	– É critério diferenciador das ações de força nova e de força velha. – Será concedida quando, da data da propositura da demanda, decorrer menos de ano e dia de agressão da posse. – Critério para a concessão: a liminar será concedida com base na análise, pelo juiz, da plausibilidade dos fatos. – Concessão da liminar: estando a petição inicial devidamente instruída, o juiz poderá conceder a liminar, antes da citação do réu. – Citação e contestação: efetivada a medida, o autor promoverá a citação do réu no prazo de cinco dias. O prazo para a contestação é de quinze dias, contados da juntada aos autos do mandado de citação cumprido. – Audiência de justificação: o autor poderá requerer que seja designada uma audiência de justificação, cuja finalidade será demonstrar ao juiz que preenche os requisitos para a concessão da medida. O juiz poderá designar tal audiência de ofício, quando entender necessário.
Recurso contra a decisão liminar	– Natureza da decisão: interlocutória, passível de agravo de instrumento. – Ausência de recurso: o juiz não poderá reconsiderar a decisão que apreciou a liminar, salvo diante de fatos novos que venham nos autos.

Resposta do réu	– Contestação. – Reconvenção (só excepcionalmente, dada a natureza dúplice). Após a resposta, a ação seguirá o rito comum. A especificidade do rito se resume a fase inicial, de concessão da liminar.
As ações possessórias são executivas *lato sensu*	– Trânsito em julgado da sentença de procedência: expede-se mandado de reintegração ou manutenção de posse. – Perdas e danos e sucumbência: deverão ser executadas nos termos do art. 523 do CPC.
Interdito proibitório	– Finalidade: preventiva, baseada na ameaça de perda ou turbação da posse. Ameaça ⟶ grave, fundada, séria, injusta e iminente – Objetivo: requerer ao juiz que segure o possuidor da turbação, ou do esbulho iminente, mediante mandado proibitório, em que se comine ao réu determinada pena pecuniária, caso transgrida o preceito. – Sentença de procedência: o réu será condenado a uma obrigação de não fazer. – Liminar: expedir-se-á mandado proibitório e definir-se-á uma pena de multa para o caso de descumprimento da ordem.

Capítulo IV

DA AÇÃO DE DIVISÃO E DA DEMARCAÇÃO DE TERRAS PARTICULARES

17 INTRODUÇÃO

É tradicional que se trate conjuntamente das ações de demarcação e divisão porque, embora diversos os pressupostos de cabimento de ambas, há muitas afinidades de procedimento que as aproximam. O Código de Processo Civil não fugiu à regra, regulando as duas ações em um mesmo capítulo. Há, no entanto, uma seção que cuida das disposições gerais e outras duas que tratam, separadamente, de cada uma das ações.

O nome atribuído ao capítulo evidencia que o procedimento se refere à divisão e demarcação de terras particulares. As terras devolutas, bens públicos dominicais, não serão objeto dessas espécies de ação, mas das discriminatórias, tratadas pela Lei n. 6.383/76.

O art. 569 do Código de Processo Civil esclarece quais as situações que justificam a propositura da ação demarcatória e da divisória. A primeira será aforada pelo proprietário para obrigar o seu confinante a estremar os respectivos prédios, fixando-se novos limites entre eles ou aviventando-se os já apagados. O Código Civil, na seção destinada ao direito de vizinhança, dispõe: "O proprietário tem direito a cercar, murar, valar ou tapar de qualquer modo o seu prédio, urbano ou rural, e pode constranger o seu confinante a proceder com ele à demarcação entre os dois prédios, a aviventar rumos apagados e a renovar marcos destruídos ou arruinados, repartindo-se proporcionalmente entre os interessados as respectivas despesas" (art. 1.297, *caput*).

Já a ação de divisão será proposta pelo condômino para obrigar os demais consortes a estremar os quinhões. O art. 1.320, *caput*, do Código Civil permite que o coproprietário a qualquer tempo exija a divisão da coisa comum.

Fica evidente, assim, que são distintas as situações em que cabem as ações de demarcação e divisão. Aquela pressupõe a existência de dois prédios confinantes cujos limites não estejam perfeitamente estremados. Esta, a de um só prédio, que pertença a dois ou mais proprietários, desejosos de extinguir o condomínio, pela divisão dos quinhões. A demarcação está ligada ao direito de vizinhança; a divisão é forma de extinguir a comunhão.

A afinidade entre elas decorre de que, em ambas, será necessário traçar limites, fixar os extremos, especificar dimensões. Na demarcação, os diversos imóveis preexistem ao ajuizamento; na divisão, antes da propositura da ação, só haverá um imóvel, do qual resultarão dois ou mais.

Tanto uma como outra podem ser feitas de forma amigável, sem necessidade de recurso ao Judiciário. Para que isso ocorra, todos os interessados têm de ser maiores e capazes e estar de acordo quanto à forma como elas se efetivarão. A demarcação e a divisão amigáveis far-se-ão por escritura pública. Ambas podem ser totais ou parciais. Totais quando tiverem por objeto estremar ou retalhar o imóvel na sua integralidade; parciais quando tiverem por objeto apenas um trecho, uma porção do terreno. Assim, se somente uma parte das divisas entre dois imóveis está confusa, a demarcação será apenas parcial, pois objetivará só a área em que os limites precisam ser estremados.

A ação de divisão pressupõe que o imóvel em condomínio seja divisível. Do contrário, a extinção da comunhão será feita pela alienação judicial da coisa, procedimento especial de jurisdição voluntária, previsto no art. 730 do Código de Processo Civil.

Seja qual for o número de condôminos, a divisão pode ser requerida por apenas um deles, ainda que todos os restantes, em maioria, prefiram manter-se em comunhão. Ciente de que a copropriedade é fonte de atritos e litígios, o legislador facilitou-lhe a extinção, atribuindo a qualquer condômino, individualmente, a legitimidade para requerê-la. Proibiu, também, a instituição do condomínio perpétuo, não permitindo que seja convencionada a indivisão por tempo não superior a cinco anos, suscetível, porém, de prorrogação ulterior (CC, art. 1.320, § 1º).

Não cabe a ação de divisão se a coisa for indivisível por natureza ou por determinação legal ou judicial. Assim, se dela resultar a criação de lotes inferiores ao módulo, proibidos por lei, o bem será considerado indivisível.

18 CARÁTER DÚPLICE

Ambas as ações têm caráter dúplice. Feita a demarcação estarão estremados os limites da propriedade do autor e do réu. Não é preciso que o réu reconvenha para pedir que também as divisas de seu imóvel sejam delineadas. Da mesma forma, feita a divisão, ficaram estabelecidas quais as partes do bem que pertencerão ao autor e ao réu.

Qualquer um dos confrontantes ou condôminos pode ser o autor da ação, cabendo essa qualidade àquele que houver tomado a iniciativa.

19 NATUREZA JURÍDICA

É grande a controvérsia sobre o caráter pessoal ou real das ações de demarcação ou de divisão. O direito à demarcação é espécie de direito de vizinhança, que não constitui propriamente direito real, mas obrigação *propter rem*. A divisão, por sua vez, está ligada à extinção da propriedade comum. Todavia, como nas duas ações haverá repercussão sobre o imóvel, será sempre necessária a outorga uxória do cônjuge ou companheiro, quando comprovada a união estável, para a propositura da demanda e a citação de ambos os cônjuges ou companheiros, no polo passivo, ressalvadas as hipóteses do regime de separação absoluta de bens.

Somente o proprietário está legitimado a postular a demarcação do terreno. Aquele que tiver apenas a posse não poderá fazê-lo, salvo se pretender exclusivamente a demarcação da posse.

20 AS DUAS FASES DAS AÇÕES DE DIVISÃO E DE DEMARCAÇÃO

O procedimento de ambas as ações desdobra-se em duas fases: uma contenciosa, que se encerra com a sentença, e outra executiva ou administrativa.

Não há propriamente execução, já que a sentença é meramente declaratória, mas sim a efetivação daquilo que foi determinado na fase contenciosa.

Assim, na primeira etapa, o juiz decidirá se o autor tem ou não direito à divisão ou à demarcação, e se esta é necessária. Caso a conclusão seja afirmativa, terá início a segunda etapa, em que serão realizadas as operações essenciais para tornar efetiva a demarcação ou a divisão. Nessa segunda fase é que serão tomadas as providências técnicas destinadas a concretizar o que ficou determinado.

21 COMPETÊNCIA

O art. 47 do Código de Processo Civil não deixa margem a dúvidas. As ações de divisão e de demarcação só poderão ser processadas e julgadas no foro de situação da coisa. Como a regra é de competência absoluta, não se admite modificação.

22 LEGITIMIDADES ATIVA E PASSIVA

Somente o proprietário está legitimado a postular a demarcação de seu terreno. Aquele que tiver apenas a posse não poderá fazê-lo.

Quando houver um condomínio, qualquer titular é parte legítima para ajuizar a demarcação do imóvel comum. Todos os demais condôminos haverão de ser intimados para, querendo, intervir no processo (art. 575 do CPC). Parece-nos que, conquanto a lei se refira à intimação, trata-se de verdadeira citação, como mencionava o CPC de 1973, porque todos sofrerão os efeitos da sentença. Serão todos litisconsortes necessários ativos. No polo passivo, figurarão os confinantes. Caso o imóvel vizinho tenha dois ou mais proprietários, todos eles deverão figurar no polo passivo, em litisconsórcio necessário. A necessidade de citação dos demais condôminos é evidente, pois todos sofrerão os efeitos da sentença.

O condômino é o legitimado ativo na ação de divisão. Aqui, os demais condôminos serão necessariamente os réus, integrando o polo passivo.

23 CUMULAÇÃO DE DEMANDAS

O art. 570 do Código de Processo Civil permite a cumulação das demandas demarcatória e divisória, determinando que, se isso ocorrer, deverá processar-se primeiramente a demarcação total ou parcial da coisa comum.

Para que haja essa cumulação, precisam estar preenchidos os requisitos de ambas as ações. Deve haver um imóvel em condomínio cujos limites com os imóveis vizinhos não estejam perfeitamente identificados.

A razão para processar-se primeiro a demarcatória é óbvia: enquanto não estabelecidos os limites do bem, não se poderá dividi-lo de modo adequado.

O art. 570 manda ainda que sejam citados os confinantes e os condôminos. Na ação demarcatória, os condôminos são citados para assumir o polo ativo, na qualidade de litisconsortes necessários, e os confinantes, o polo passivo. Encerrada a demarcatória, e iniciada a divisão, os demais condôminos, que até então haviam figurado no polo ativo, passarão a integrar o polo passivo, e os confinantes não mais participarão da relação processual, já que não têm interesse na divisão.

É o que dispõe o art. 572 do Código de Processo Civil: "Fixados os marcos da linha de demarcação, os confinantes considerar-se-ão terceiros quanto ao processo divisório, ficando-lhes, porém, ressalvado o direito de vindicarem os terrenos de que se julguem despojados por invasão das linhas limítrofes constitutivas do perímetro ou de reclamar uma indenização pecuniária correspondente ao seu valor".

Ajuizada a reivindicatória pelo confinante, como permite o dispositivo mencionado, serão citados todos os condôminos se ainda não houver transitado em julgado a sentença que homologou a divisão; se proposta depois, serão citados apenas aqueles a quem coube o terreno vindicado, caso em que, havendo sentença de procedência, proceder-se-á de acordo com o art. 572, § 2º, do Código de Processo Civil.

24 DA AÇÃO DEMARCATÓRIA

24.1. A PETIÇÃO INICIAL

Além de cumprir os requisitos do art. 319 do Código de Processo Civil, a petição inicial indicará o imóvel pela situação e denominação e descreverá os limites por constituir, aviventar ou renovar (CPC, art. 574). Todos os confinantes da linha demarcanda serão nomeados porque figurarão como réus.

A petição inicial virá instruída com o título de propriedade. Trata-se de documento necessário cuja ausência o juiz mandará suprir em quinze dias, sob pena de indeferimento da inicial.

24.2. A CITAÇÃO

Todos os confinantes da linha demarcanda terão de ser citados. Caso o imóvel tenha vários donos, o requerimento será feito por um ou mais dos condôminos, e os demais serão intimados, para, querendo, intervir. Se os réus sejam casados (ou vivam em união estável comprovada nos autos), a citação deverá ser feita a ambos os cônjuges (ou companheiros), também em litisconsórcio necessário, dada a natureza real da ação, a menos que o regime de bens seja o da separação absoluta. Estabelece o art. 576 do CPC que "a citação dos réus será feita por correio, observado o disposto no art. 247". O parágrafo único acrescenta: "Será publicado edital, nos termos do inciso III do art. 259". Nada obsta a que o autor postule, justificadamente, a citação por oficial de justiça, dos réus conhecidos.

24.3. RESPOSTA DOS RÉUS

O prazo para apresentação de resposta é o comum de quinze dias (CPC, art. 577), e começará a fluir da data em que for juntado aos autos o aviso de recebimento ou mandado cumprido de citação, observado o disposto no art. 231, § 1º.

Os réus poderão contestar, mas não reconvir, em face do caráter dúplice da ação e de suas peculiaridades procedimentais.

O prazo será o mesmo, tenha a demanda sido ajuizada contra um ou vários réus, sendo inaplicável o art. 229 do Código de Processo Civil, que manda contar em dobro os prazos quando houver litisconsortes com procuradores distintos, de escritórios diferentes, pois a regra específica prevalece sobre a geral. Mas se um dos réus for a Fazenda Pública ou o Ministério Público, o prazo será computado em dobro, passando a ser de trinta dias.

Apresentada a contestação, será observado o procedimento comum. Não apresentada, o juiz julgará antecipadamente o mérito, com fundamento no art. 355, II, salvo se a falta de contestação não produzir os efeitos da revelia.

Em ambas as hipóteses, antes de proferir sentença, o juiz nomeará um ou mais peritos, que farão o levantamento do traçado da linha demarcanda (CPC, art. 579), apresentando um laudo minucioso, que levará em conta "os títulos, marcas, rumos, a fama da vizinhança, as informações dos antigos moradores do lugar e outros elementos que coligirem" (CPC, art. 580).

Como o juiz deve determinar os limites que separam as duas propriedades, tanto autor quanto réu podem invocar, em seu favor, a usucapião de certa porção de terra.

24.4. A SENTENÇA E A EXECUÇÃO MATERIAL DA DEMARCAÇÃO

Caso não haja indefinição entre os limites dos imóveis, nem rumos a traçar ou a aviventar, a ação será julgada improcedente.

Porém, se a sentença for de procedência, o juiz declarará o traçado da linha demarcanda. O recurso cabível contra esse ato judicial é a apelação, no prazo de quinze dias, recebida nos efeitos devolutivo e suspensivo. Somente após o trânsito em julgado é que serão praticados os atos materiais de demarcação.

O perito fará os trabalhos de campo e elaborará as plantas e os memoriais descritivos, colocando os marcos necessários para estremar os imóveis. A linha divisória será, então, percorrida por ele, que conferirá a sua exatidão, juntando aos autos um relatório.

As partes serão ouvidas em quinze dias, fazendo-se, se for o caso, as correções necessárias. Será, então, lavrado um auto contendo a descrição minuciosa dos limites demarcandos, assinado pelo juiz e pelo perito.

A seguir, será proferida uma sentença, meramente homologatória da demarcação, contra a qual poderá ser oposta apelação, recebida apenas no efeito devolutivo (CPC, art. 1.012, I).

25 DA AÇÃO DIVISÓRIA

25.1. A PETIÇÃO INICIAL

Também aqui os requisitos do art. 319 serão preenchidos, devendo o autor instruir a inicial com a prova da titularidade do domínio.

O imóvel a ser dividido precisa estar perfeitamente descrito e individualizado, com os apontamentos dos seus limites, características e situação.

O nome dos demais condôminos, a sua qualificação e a área ocupada por eles, com as respectivas benfeitorias e culturas, serão indicados na inicial, porque serão eles os réus. Também devem ser mencionadas as benfeitorias comuns.

25.2. CITAÇÃO, RESPOSTA E SENTENÇA

A citação far-se-á da mesma forma que na demarcação e todo o restante do procedimento, até a prolação da sentença, será igual, com idênticos prazos de resposta. A sentença terá conteúdo meramente declaratório, e contra ela será oposta apelação, recebida em ambos os efeitos.

25.3. A EXECUÇÃO MATERIAL DA DIVISÃO

Depois do trânsito em julgado da sentença, iniciam-se os trabalhos de efetiva divisão, feitos também por um ou mais peritos.

Cada condômino será intimado para, em dez dias, apresentar os seus títulos sobre a coisa, se ainda não o tiver feito, e formular seus pedidos de quinhão.

Superado esse prazo, o juiz dará quinze dias para que os coproprietários se manifestem sobre os títulos e pedidos dos demais. Não havendo impugnação, será determinada a divisão geodésica do imóvel. Se houver, o juiz decidirá em dez dias sobre os pedidos e títulos a serem atendidos.

Os peritos proporão, em um laudo fundamentado, a forma de divisão, "devendo consultar, quanto possível, a comodidade das partes, respeitar, para adjudicação a cada condômino, a preferência dos terrenos contíguos às suas residências e benfeitorias e evitar o retalhamento dos quinhões em glebas separadas" (CPC, art. 595).

Sobre o laudo, as partes serão ouvidas no prazo comum de quinze dias, e o juiz deliberará sobre a divisão.

Em cumprimento ao que foi decidido, o perito procederá à demarcação dos quinhões, observadas as regras dos arts. 584 e 585.

Terminados os trabalhos e desenhados na planta os quinhões e servidões aparentes, o perito organizará o memorial descritivo e o escrivão lavrará auto de divisão.

Depois de assinado o auto, que conterá os elementos indicados no art. 597, § 3º, pelo juiz e pelo perito, o magistrado proferirá sentença homologatória, da qual caberá apelação apenas no efeito devolutivo. A sentença que homologar a divisão deve ser levada a registro no Cartório de Registro de Imóveis, para que adquira validade *erga omnes*.

Quadro sinótico

Comparativo		
	Ação demarcatória	**Ação divisória**
Finalidade	É aforada pelo proprietário para obrigar o seu confinante a estremar os respectivos prédios, fixando-se novos limites entre eles ou aviventando-se os já apagados.	É proposta pelo condômino para obrigar os demais consortes a partilhar a coisa comum.
Pressupostos	Existência de dois prédios confinantes cujos limites não estejam perfeitamente estremados.	Um só prédio, que pertença a dois ou mais proprietários, desejosos de extinguir o condomínio.
Natureza	Direito de vizinhança.	Direito de extinguir a comunhão.
Características	Diversos imóveis preexistem o ajuizamento.	Antes da propositura da ação só há um imóvel, do qual resultarão dois ou mais.

Semelhanças entre as ações demarcatórias e divisórias
Em ambas é necessário traçar limites, fixar extremos, especificar dimensões.
Podem ser feitas de forma amigável, por escritura pública, desde que os interessados sejam maiores, capazes e estejam de acordo quanto à forma como elas se efetivarão.
Podem ser totais ou parciais: – totais: quando tiverem por objeto estremar ou retalhar o imóvel na sua integralidade; – parciais: quando tiverem por objeto apenas um trecho, uma porção ou um terreno.
Tais ações são apenas aplicáveis a imóveis particulares, logo, não se aplicam às terras devolutas e aos bens públicos dominicais, os quais se submetem às ações discriminatórias.

Caráter dúplice: feita a demarcação estarão estremados os limites da propriedade do autor e do réu. Da mesma forma, feita a divisão ficam estabelecidas quais as partes do bem que pertencerão ao autor e ao réu.

Ambas se desenvolvem em duas fases.

1) Natureza jurídica	**Controvérsia quanto à natureza real ou pessoal** — Ação demarcatória: obrigação *propter rem*; Ação de divisão: ligada à extinção da propriedade comum. Em ambas as ações haverá repercussão sobre o imóvel, sendo sempre necessária a outorga uxória do cônjuge para a propositura da demanda e a citação de ambos os cônjuges, no polo passivo.
2) As duas fases das ações de divisão e de demarcação	Primeira fase: contenciosa. O juiz decidirá se o autor tem ou não direito à divisão ou à demarcação. A sentença terá natureza meramente declaratória. Segunda fase: administrativa ou executiva. Sendo procedente a sentença, serão realizadas as operações essenciais para tornar efetiva a demarcação ou divisão.
3) Competência	– Foro da situação da coisa (competência absoluta).
4) Legitimidade ativa	Ação demarcatória: proprietário. Se houver condomínio, qualquer titular é legitimado ativo para pedir a demarcação. Os demais coproprietários serão intimados para integrar o polo ativo, formando um litisconsórcio ativo necessário. Ação de divisão: condômino.
5) Legitimidade passiva	Ação demarcatória: confinantes. Ação de divisão: demais condôminos.
6) Cumulação de demandas	– Art. 570 do CPC traz essa possibilidade; – Far-se-á primeiramente a demarcação total ou parcial da coisa, para só então proceder-se com a divisão; – Requisitos: haver um imóvel em condomínio, cujos limites com os imóveis vizinhos não estejam perfeitamente identificados; – Peculiaridade: é ressalvado aos confinantes, finda a ação demarcatória, o direito de vindicaram os terrenos de que se julguem despojados por invasão das linhas limítrofes constitutivas do perímetro ou a reclamarem uma indenização pecuniária correspondente ao seu valor.

Ação demarcatória

Petição inicial	Art. 319 e o disposto no art. 574 do CPC. A inicial deve ser instruída com título de propriedade.

Citação	Será feita preferencialmente pelo correio, publicando-se edital na forma do inciso III do art. 259.
Resposta do réu	Prazo: comum de quinze dias. Não se aplica a regra do art. 229 do CPC, que manda contar em dobro os prazos quando houver litisconsortes com procuradores distintos; Início da fluência: da data em que for juntado aos autos o aviso de recebimento ou mandado cumprido de citação; Caráter dúplice: em decorrência dele não é facultado ao réu reconvir. Apresentada a contestação, à ação seguirá o rito comum. Antes da sentença, o juiz nomeará um ou mais peritos para fazer um levantamento da linha demarcanda.
Sentença e execução material da demarcação	Improcedência: quando não houver indefinição entre os limites dos imóveis, nem rumos a traçar ou aviventar; Procedência: quando houver, de fato, alguma indefinição entre os limites dos imóveis, o juiz declarará o traçado da linha demarcanda. Atos materiais de demarcação: Perito: – elaboração de plantas e memoriais descritivos; – fixação dos marcos necessários para estremar os imóveis; – fixação da linha divisória e conferência de sua exatidão; – elaboração de relatório; – oitiva das partes em quinze dias, sendo-lhe facultado fazer correções; – elaboração de auto, contendo descrição minuciosa dos limites demarcandos, assinado pelo juiz e perito; – sentença homologatória da demarcação, passível de apelação a ser recebida apenas no efeito devolutivo.

Ação divisória

Petição inicial	Art. 319 e prova da propriedade do imóvel.
Citação, resposta e sentença	– Citação e resposta: procedimento idêntico ao da demarcação, com idênticos prazos; – Sentença: conteúdo meramente declaratório, passível de apelação no duplo efeito.
Execução material da divisão	– A execução material apenas se iniciará após o trânsito em julgado de sentença de procedência; – Efetiva divisão: será feita por um ou mais peritos; – Intimação de cada condômino para, em dez dias, apresentar os seus títulos sobre a coisa e formular seus pedidos de quinhão; – Impugnação: será concedido prazo de quinze dias para que os coproprietários se manifestem sobre os títulos e pedidos dos demais;

Execução material da divisão	– Ausência de impugnação: será determinada a divisão geodésica do imóvel; – Apresentação de impugnação: o juiz decidirá em dez dias sobre os pedidos e títulos a serem atendidos; – Elaboração de auto de divisão assinado pelo juiz e perito; – Sentença homologatória, passível de apelação apenas no efeito devolutivo.

Capítulo V

DA AÇÃO DE DISSOLUÇÃO PARCIAL DE SOCIEDADE

26 INTRODUÇÃO

O CPC atual introduz um novo procedimento especial, relacionado às ações de dissolução parcial de sociedade. O CPC de 1973 não tratava do tema, embora o art. 1.218, VII, mantivesse em vigor os dispositivos do CPC de 1939, que cuidavam da dissolução e liquidação de sociedade (arts. 655 a 674).

Esses dispositivos do CPC de 1939, ainda em vigor antes da edição do CPC de 2015, tratavam do procedimento da dissolução da sociedade civil ou mercantil, mas da dissolução total, que implicava a extinção da pessoa jurídica. Previa-se um procedimento em duas fases. Na primeira, discutia-se a dissolução da sociedade; caso ela viesse a ser declarada ou decretada, passava-se à segunda fase, de liquidação e apuração de haveres.

O CPC atual trata da dissolução parcial, em que não haverá a extinção da sociedade, mas a sua resolução parcial, com a saída de um ou mais sócios, mantendo-se, no entanto, a pessoa jurídica. O nome "dissolução parcial" tem sido criticado pela doutrina justamente por esta razão: a empresa não se dissolve, mas mantém-se. Além disso, o nome não coincide com aquele usado pela lei material. Os arts. 1.028 e s. do CC não falam em dissolução, mas em resolução da sociedade em relação a um sócio.

São três as causas que podem dar ensejo à resolução parcial, de acordo com a lei civil: a morte do sócio (CC, art. 1.028); a sua retirada, nos casos previstos em lei ou em contrato, além da retirada voluntária (CC, art. 1.029); e a sua exclusão judicial, mediante a iniciativa da maioria dos demais sócios, em caso de falta grave no cumprimento de suas obrigações, ou, ainda, por incapacidade financeira (CC, art. 1.030).

A ação de dissolução parcial, prevista no CPC, será a utilizada em qualquer uma dessas três hipóteses de resolução. No entanto, a iniciativa e o procedimento variarão, conforme se trate de resolução por morte, por vontade do sócio ou por exclusão pela maioria.

27 PROCEDIMENTO

A ação de dissolução parcial da sociedade, conforme as circunstâncias, poderá ter apenas uma ou duas fases, consoante o tipo de pretensão manifestada quando do ajuizamento da ação. Ela pode ter por finalidade a resolução da sociedade em relação ao sócio e a apuração de haveres; ou somente a resolução ou somente a apuração de haveres. Haverá casos, por exemplo, em que a resolução é decidida extrajudicialmente, mas surge controvérsia a respeito dos haveres, que poderá ser dirimida judicialmente; ou, ao contrário, que a resolução deva ser judicial, por força de determinação contratual, mas a apuração de haveres possa ser feita consensualmente; ou ainda que as duas coisas devam ser feitas em juízo. Essas possibilidades estarão presentes, seja nos casos de morte, seja nos de exclusão, seja ainda nas hipóteses de retirada ou recesso. Assim, conquanto o CPC se refira à ação como de dissolução parcial de sociedade, pode ser que a pretensão formulada em juízo se limite à de apuração de haveres. Essa é mais uma razão pela qual se tem criticado o nome atribuído à ação pela lei.

A iniciativa da dissolução parcial da sociedade variará conforme a causa da resolução. Nos termos do art. 600 do CPC, a ação pode ser proposta: I – pelo espólio do sócio falecido, quando a totalidade dos sucessores não ingressar na sociedade; II – pelos sucessores, após concluída a partilha do sócio falecido; III – pela sociedade, se os sócios sobreviventes não admitirem o ingresso do espólio ou dos sucessores do falecido na sociedade, quando esse direito decorrer do contrato social; IV – pelo sócio que exerceu o direito de retirada ou recesso, se não tiver sido providenciada, pelos demais sócios, a alteração contratual consensual formalizando o desligamento, depois de transcorridos dez dias do exercício do direito; V – pela sociedade, nos casos em que a lei não autoriza a exclusão extrajudicial; ou VI – pelo sócio excluído. Quando a pretensão for exclusivamente a de apuração de haveres, a iniciativa pode ser do cônjuge ou companheiro do sócio, cujo casamento, união estável ou convivência terminou, e cujos haveres são pagos à conta da quota social titulada por este sócio.

Quanto ao polo passivo da ação, deverá ser observado o art. 601 do CPC, que dispõe: "Os sócios e a sociedade serão citados para, no prazo de 15 dias, concordar com o pedido ou apresentar contestação". O parágrafo único acrescenta: "A sociedade não será citada se todos os seus sócios o forem, mas ficará sujeita aos efeitos da decisão e à coisa julgada". A redação é das mais confusas. O *caput* determina a citação dos sócios e da sociedade, parecendo estabelecer um litisconsórcio necessário entre eles. Mas o parágrafo único afasta essa conclusão, ao dispensar a citação da sociedade. Parece-nos que haverá sempre a necessidade de citação de todos os sócios, o que instituirá, entre eles, um litisconsórcio necessário. Citados todos os sócios, será facultativa a citação da sociedade. Porém, mesmo que ela não seja citada, a sentença e a coisa julgada estenderão a ela os seus efeitos. Como não pode haver confusão entre a pessoa jurídica e a pessoa dos sócios, o art. 601, parágrafo único, cria mais uma hipótese de legitimidade extraordinária, em que os sócios serão os substitutos processuais da sociedade.

A solução dada pelo art. 601 e seu parágrafo único já vinha sendo aquela determinada pelo Superior Tribunal de Justiça, antes mesmo da vigência do CPC atual. Nesse sentido: "Dúvida não há na jurisprudência da Corte sobre a necessidade de citação de todos os sócios remanescentes como litisconsortes passivos necessários na ação de dissolução de sociedade. Embora grasse controvérsia entre as Turmas que compõem a Seção de Direito Privado deste Corte, a Terceira Turma tem assentado que não tem a sociedade por quotas de responsabilidade limitada qualidade de litisconsorte passivo necessário, podendo, todavia, integrar o feito se assim o desejar" (STJ, 3ª T., REsp 735.207, *RT* 854/150).

A citação dos sócios e, eventualmente, da sociedade é para que eles, no prazo de 15 dias, concordem com o pedido de resolução parcial ou contestem. Caso haja concordância unânime, o juiz decretará a dissolução parcial, passando-se à fase de liquidação, sem que haja condenação em honorários advocatícios de nenhuma das partes, rateando-se as custas na proporção das quotas sociais.

Se houver contestação, a ação seguirá pelo procedimento comum. Ao determinar a dissolução parcial da sociedade e a apuração de haveres, o juiz fixará a data da resolução da sociedade, na conformidade do disposto no art. 605 do CPC, que definirá o critério de apuração dos haveres à vista do disposto no contrato social e nomeará perito, determinando à sociedade e aos sócios remanescentes que depositem a parte incontroversa dos valores devidos, que poderá ser levantado desde logo pelo ex-sócio.

Depois de apurados, os haveres do sócio retirante serão pagos na conformidade do que dispuser o contrato social ou, no silêncio dele, nos termos do § 2º do art. 1.031 do Código Civil.

Quadro sinótico

Finalidade	Resolução parcial da sociedade, com a saída de um ou mais sócios, mantendo-se, no entanto, a pessoa jurídica.
Hipóteses de dissolução parcial	São aquelas previstas na lei material: a morte do sócio (art. 1.028 do CC), a sua retirada nos casos previstos em lei ou no contrato, além da hipótese de retirada voluntária (art. 1.029 do CC), e a exclusão judicial, pela iniciativa da maioria dos sócios, em caso de culpa grave no cumprimento de suas obrigações ou de incapacidade financeira (art. 1.030 do CC).
Pedidos	Pode ter por objeto a resolução parcial da sociedade e a apuração de haveres, caso em que a ação terá duas fases; ou só a resolução parcial da sociedade ou só a apuração de haveres, caso em que a ação terá uma única fase.
Procedimento	– A ação poderá ser proposta pelos legitimados indicados no art. 600 do CPC. – Todos os sócios deverão ser citados em litisconsórcio necessário, sendo facultativa a inclusão da pessoa jurídica. A citação é para que os réus concordem com a resolução parcial ou apresentem contestação no prazo de quinze dias. – Havendo concordância unânime, o juiz decretará a resolução parcial, passando-se à fase de liquidação, sem condenação em honorários advocatícios. Se houver contestação, a ação prosseguirá pelo procedimento comum. Em caso de procedência, havendo pedido de apuração de haveres, o juiz nomeará perito, fixando os critérios da apuração, na forma do contrato.

Capítulo VI

DO INVENTÁRIO E DA PARTILHA

28 INTRODUÇÃO

A morte põe termo à existência da pessoa natural, trazendo inúmeras consequências civis. Do ponto de vista patrimonial, a mais importante é a abertura da sucessão, com a transferência da herança ou legado ao herdeiro ou legatário, por força de disposição legal ou testamentária.

O fato jurídico que dá ensejo à abertura da sucessão é, portanto, a morte, real ou presumida. A presumida é a do ausente, nas circunstâncias em que a lei permite a abertura da sucessão definitiva (CPC, art. 745, § 3º) e a das hipóteses em que estiverem preenchidos os requisitos do art. 7º do CC. É possível que ela seja declarada, sem que haja decretação prévia de ausência.

No momento da morte, a massa patrimonial do *de cujus* que constitui a herança passa, de imediato, aos herdeiros (*droit de saisine*). Havendo mais de um, forma-se um condomínio entre eles, até que haja a partilha de bens, recebendo cada qual o seu quinhão.

A herança é uma universalidade jurídica, compondo-se de direitos e obrigações que se transmitem ao herdeiro. Essa massa indivisa de bens e obrigações recebe o nome de espólio, e só perdura enquanto não tiver havido a partilha. O espólio não é dotado de personalidade jurídica, mas tem capacidade de ser parte, sendo representado pelo inventariante ou, antes dele, pelo administrador provisório.

O inventário nada mais é do que a enumeração e descrição dos bens e das obrigações que compõem a herança. Devem ser nele incluídos todos os tipos de bens e direitos de conteúdo patrimonial que pertenciam ao *de cujus*. Também será abrangida, na declaração de bens, a meação do cônjuge.

Essa meação não integra a herança, porque não pertence ao falecido, mas ao seu cônjuge. No entanto, não há como, em princípio, distinguir entre o que pertencia ao morto e o que pertence ao viúvo, de forma que tudo integrará o monte-mor.

Isso quer dizer que o processo de inventário e partilha se prestará a, em primeiro lugar, isolar a meação do *de cujus* e do respectivo cônjuge, e, depois disso, a identificar aquilo que efetivamente passou à propriedade dos herdeiros e sucessores. Como só a meação do *de cujus* integra a herança, somente sobre ela incidirá o imposto de transmissão *mortis causa*.

O inventário não é atributivo de propriedade, já que esta se transmite com a abertura da sucessão. Sua finalidade é elencar todos os direitos e as obrigações que se transmitem com a abertura da sucessão, partilhando-os mais tarde entre os diversos herdeiros, ou adjudicando-os ao herdeiro único, o que permitirá regularizar a situação dos bens imóveis perante o Cartório de Registro de Imóveis. Enquanto não houver o inventário e a partilha, o bem continuará registrado em nome do *de cujus*, e nenhum direito real constituído pelos herdeiros poderá ser registrado, sob pena de ofensa ao princípio da continuidade.

O Código de Processo Civil inclui o inventário judicial entre os procedimentos especiais de jurisdição contenciosa, tornando-o obrigatório, salvo se todas as partes forem capazes, estiverem de acordo com a partilha de bens e não houver testamento (art. 610, *caput* e § 1º).

Isso quer dizer que, afora a exceção mencionada, não é possível regularizar a sucessão sem a abertura do inventário judicial, que pode ser de três espécies: o solene, chamado inventário propriamente dito; o arrolamento, para pequenas heranças; e o arrolamento sumário, quando só há maiores e capazes, e inexiste divergência sobre a partilha. Neste último caso, as partes podem preferir não ingressar em juízo e fazer inventário e partilha por escritura pública, que constituirá título para registro imobiliário. Para que seja lavrada a escritura todos os interessados deverão estar assistidos por advogado comum ou pelo advogado de cada um deles.

Prescinde-se do inventário, para o levantamento de valores depositados em contas de cadernetas de poupança, saldos bancários, FGTS e PIS-Pasep, desde que de pequena monta, na forma da Lei n. 6.858/80, bastando um simples alvará judicial.

Embora não prevista em lei a possibilidade de ser requerido o inventário negativo, tem ela sido admitida pela doutrina e pela jurisprudência. A finalidade é constatar a inexistência de bens deixados pelo falecido, sempre que o cônjuge ou os herdeiros tenham de demonstrar essa circunstância.

Assim, p. ex., como as dívidas deixadas pelo *de cujus* não podem ultrapassar as forças da herança, haverá interesse, portanto, no inventário negativo, para demonstrar a eventuais credores que inexistem bens e que, por conseguinte, não há como cobrar o débito.

Também haverá interesse quando o viúvo ou a viúva quiserem contrair um novo matrimônio, tendo filhos do primeiro casamento. Ainda que não haja bens, será mister fazer-se o inventário, sob pena de o casamento efetivar-se em desrespeito ao disposto no art. 1.523, I, do Código Civil, com todas as consequências daí decorrentes.

Não há como confundir o inventário com a partilha que o sucede. A finalidade é distinta: aquele se limita a enumerar e descrever os bens que integram o acervo hereditário; esta apontará qual o quinhão que cabe a cada herdeiro.

Pode acontecer que a partilha seja desnecessária, quando houver, p. ex., um único herdeiro, ou quando, por testamento, o *de cujus* já determinou qual o quinhão que caberá aos seus sucessores. Se não for esse o caso, a partilha será feita, para que se identifique a parte de cada um.

Os bens serão partilhados de acordo com as regras do direito das sucessões. Os herdeiros receberão seu quinhão por direito próprio ou por representação: por direito próprio quando forem os parentes mais próximos do *de cujus*; por representação quando forem chamados a suceder em lugar de outro parente mais próximo que seja premorto, ausente ou incapaz de suceder, pois "a lei chama certos parentes do falecido a suceder em todos os direitos, em que ele sucederia, se vivesse" (CC, art. 1.851). O direito de representação verifica-se apenas na linha descendente, nunca na ascendente. E na linha colateral, em favor dos filhos de irmãos do falecido quando com irmão deste concorrerem (CC, art. 1.853).

Ainda que haja inventário judicial, quando os herdeiros forem maiores e capazes e não divergirem, a partilha poderá ser feita amigavelmente, por termo nos autos do inventário, escritura pública ou escrito particular homologado pelo juiz. Se houver algum incapaz ou se os herdeiros não chegarem a um acordo, a partilha será sempre judicial.

Se, depois de ultimada a partilha, outros bens aparecerem, far-se-á a sua sobrepartilha nos próprios autos do inventário. De acordo com o art. 669 do Código de Processo Civil, serão sobrepartilhados os bens sonegados, os que forem descobertos depois da partilha, os litigiosos e os de liquidação difícil ou morosa e os situados em local remoto da sede do juízo onde se processa o inventário. O procedimento a ser observado é idêntico ao do inventário e da partilha.

29 O PROCEDIMENTO DO INVENTÁRIO

São três as espécies de inventário judicial: o tradicional ou solene, o arrolamento e o arrolamento sumário. Este último só terá cabimento quando todos os herdeiros forem maiores e capazes, estiverem de acordo quanto aos bens a serem inventariados e ao modo pelo qual a partilha se aperfeiçoará, e preferirem ingressar em juízo, já que, nesse caso, o inventário e a partilha poderiam ser feitos por escritura pública. O arrolamento cabe quando o valor do espólio não superar mil salários mínimos (CPC, art. 664), ainda que haja incapazes ou desacordo entre os herdeiros. O inventário tradicional é o adequado quando não estiverem preenchidos os requisitos para a adoção dos outros dois procedimentos.

O procedimento mais complexo é o do inventário tradicional ou solene, a ser visto em seguida. Em capítulo próprio serão estudadas as peculiaridades do arrolamento e do arrolamento sumário.

29.1. COMPETÊNCIA

Ainda que o falecido fosse estrangeiro e residisse fora do Brasil, o inventário e a partilha dos bens aqui situados serão de competência exclusiva da Justiça brasileira (CPC, art. 23, II). Em contrapartida, os bens situados no estrangeiro serão inventariados e partilhados no local em que se encontram.

No Brasil, o inventário, a partilha, a arrecadação, o cumprimento de disposições de última vontade e todas as ações em que o espólio for réu serão processados perante o foro do domicílio do autor da herança, ainda que o óbito tenha ocorrido no estrangeiro (CPC, art. 48). Trata-se de regra de competência relativa, o que impede o juiz de dar-se por incompetente de ofício (Súmula 33 do STJ).

Como o Código Civil admite a multiplicidade de domicílios, se isso ocorrer, a competência será determinada por prevenção. Caso, porém, o autor da herança não possuísse domicílio certo, a competência será do foro de situação dos bens imóveis. Se eles estiverem em lugares diferentes, em qualquer destes e, não havendo bens imóveis, passará ao foro do lugar de qualquer dos bens do espólio (art. 48, parágrafo único).

O juízo do inventário atrai as ações propostas contra o espólio. No entanto, essa *vis attractiva* não é bastante para modificar regras de competência absoluta, e só tem por objeto aquelas ações relacionadas com direito sucessório e que, de alguma maneira, repercutam sobre o inventário e a partilha.

Uma ação real imobiliária não será atraída pelo juízo do inventário, porque a competência do foro de situação da coisa é absoluta. Também não será atraída ação que, embora tenha o espólio no polo passivo, não apresente nenhuma relevância do ponto de vista sucessório.

As ações de investigação de paternidade, ajuizadas por pretensos herdeiros do *de cujus*, não serão igualmente atraídas, porque o polo passivo não será ocupado pelo espólio, mas pelos herdeiros do falecido.

Naquelas comarcas em que houver Vara Especializada de Família e Sucessões, será ela competente para processar o inventário. Nas demais, será competente à Vara Cível.

29.2. O PRAZO PARA ABERTURA

O inventário e a partilha devem ser instaurados no prazo de dois meses a contar do óbito, ultimando-se nos doze meses subsequentes (CPC, art. 611). O juiz pode dilatar esse prazo, se houver motivo justo, e só punirá o inventariante, removendo-lhe o cargo, se o atraso decorrer de culpa sua.

O juiz não pode mais, como podia no CPC/73, determinar de ofício a abertura do inventário, depois de superado o prazo de dois meses. Tal possibilidade não foi prevista no CPC/2015. O atraso não provocará o indeferimento da abertura do inventário, mas os Estados poderão impor multa como sanção para a desobediência ao prazo. O Supremo Tribunal Federal já declarou constitucionais as multas fixadas pelos Estados-Membros como sanção ao retardamento do inventário.

No Estado de São Paulo, essa multa é de 10%, que se elevará a 20% se a abertura do inventário só for requerida após 180 dias.

29.3. O VALOR DA CAUSA E AS CUSTAS INICIAIS

O valor da causa deve corresponder ao do monte-mor, isto é, o de todos os bens que integram o inventário. Como já salientado anteriormente, devem ser inventariados não apenas os bens que passarão aos herdeiros, mas também a meação do cônjuge supérstite. Portanto, o valor da causa incluirá o valor dos bens que compõem essa meação. As custas iniciais serão calculadas, no Estado de São Paulo, na forma da Lei n. 11.608, de 29 de dezembro de 2003.

O valor dos bens será atribuído por quem requerer a abertura, podendo ser impugnado por qualquer interessado. Se necessário, poderá ser determinada avaliação judicial. O valor dos bens imóveis deve corresponder àquele que serve de base para o lançamento de impostos (valor venal).

29.4. AS QUESTÕES DE FATO QUE DEPENDEM DE OUTRAS PROVAS

De acordo com o art. 612 do Código de Processo Civil, "O juiz decidirá todas as questões de direito desde que os fatos relevantes estejam provados por documento, só remetendo para as vias ordinárias as questões que dependerem de outras provas".

As questões a serem decididas na via ordinária, portanto, não são aquelas de maior complexidade, mas as que envolvam fato que demande a produção de prova oral ou pericial. Por mais complexa que seja a questão, o juiz terá de decidi-la no próprio inventário, se for exclusivamente de direito, ou se demandar somente prova documental.

Como exemplos podem ser citados a admissão de herdeiro, que envolve investigação de paternidade, a exclusão de herdeiro por indignidade ou o reconhecimento de que o *de cujus* vivia com alguém em união estável.

29.5. O REQUERIMENTO DE ABERTURA

Os arts. 615 e 616 do Código de Processo Civil enumeram os legitimados a requerer a abertura do inventário, não havendo mais a possibilidade de que ela seja determinada de ofício pelo juiz. Não há necessidade de observação da ordem estabelecida pelo dispositivo legal, nem o rol nele contido é exaustivo, pois a abertura pode ser requerida por qualquer pessoa que demonstre interesse.

Caso a petição inicial esteja em termos, o juiz nomeará o inventariante, que prestará compromisso no prazo de cinco dias.

29.6. O ADMINISTRADOR PROVISÓRIO E O INVENTARIANTE

Incumbirá ao inventariante a representação judicial do espólio até que se ultime a partilha. Porém, até que ele seja nomeado e compromissado, o espólio será representado pelo administrador provisório, observado o art. 1.797 do Código Civil. Ele deve trazer ao acervo os frutos que durante sua gestão tenha percebido. Em contrapartida, pode cobrar as despesas necessárias e úteis que tenha feito, embora deva ressarcir pelos danos a que der causa.

A função de inventariante será atribuída obedecendo-se à ordem do art. 617 do Código de Processo Civil, que deverá ser respeitada, salvo se houver motivo relevante que determine o contrário ou recusa daquele que tenha preferência. O inventariante deve ser sempre maior e capaz.

Na falta ou no impedimento das pessoas enumeradas nos incisos do art. 617, o juiz nomeará inventariante dativo, entre as pessoas idôneas que aceitem o encargo. Embora ele tenha quase as mesmas atribuições, deveres e direitos que o comum, falta-lhe legitimidade para representar ativa e passivamente o espólio. Assim, "Quando o inventariante for dativo, os sucessores do falecido serão intimados no processo no qual o espólio seja parte" (CPC, art. 75, § 1º).

O compromisso será prestado no prazo de cinco dias, sendo dispensado nos arrolamentos.

29.7. ATRIBUIÇÕES DO INVENTARIANTE

Incumbe a ele representar ativa e passivamente o espólio, em juízo e fora dele (salvo se for dativo), bem como administrar os bens do acervo, com toda diligência.

Além dessas, tem o inventariante outras atribuições, enumeradas no art. 618, III a VIII, do Código de Processo Civil. Cabe a ele prestar as primeiras e as últimas declarações, exibir os documentos relativos ao espólio, juntar a certidão de testamento, trazer à colação os bens recebidos pelo herdeiro ausente, renunciante ou excluído, prestar as contas de sua gestão e requerer a declaração de insolvência.

Há outras atribuições que são cometidas ao inventariante, mas desde que ouvidos os interessados e com autorização do juiz. O art. 619 enumera quais são essas atribuições.

29.8. REMOÇÃO E DESTITUIÇÃO DO INVENTARIANTE

A remoção e a destituição têm, em comum, o fato de que ambas implicam a perda do cargo pelo inventariante. A diferença entre elas é que a remoção é punição em decorrência de falta cometida no exercício do encargo, enquanto a destituição provém de um fato externo ao processo não ligado ao exercício da função. Assim, se o inventariante for preso em razão de condenação criminal, e não puder continuar exercendo o encargo, será destituído. Se, no entanto, ele for desidioso no cumprimento de suas tarefas, a providência adequada será a sua remoção.

O art. 662 enumera quais os fatos, omissivos e comissivos, que ensejam a remoção. Ela pode ser determinada de ofício pelo juiz ou a requerimento de qualquer interessado.

O incidente de remoção correrá em apenso, e o inventariante será intimado a defender-se em quinze dias, produzindo as provas que entender necessárias.

Pode o pedido ser formulado a qualquer tempo. Seu deferimento obrigará o juiz a nomear outro inventariante. O removido entregará ao substituto os bens do espólio, sob pena de expedição de mandado de busca e apreensão ou imissão de posse, conforme o bem seja móvel ou imóvel, sem prejuízo da multa a ser fixada pelo juiz em montante não superior a 3% do valor dos bens inventariados.

A decisão que remove o inventariante é interlocutória, pois não põe fim ao inventário. Contra ela caberá, portanto, o agravo de instrumento e não a apelação (art. 1.015, parágrafo único, do CPC).

29.9. PRIMEIRAS DECLARAÇÕES

O inventariante tem vinte dias, a contar da data em que prestou compromisso, para apresentar as primeiras declarações.

O art. 620 do Código de Processo Civil enumera o que elas deverão conter. Essencialmente, o nome e a qualificação do *de cujus*, do cônjuge ou companheiro supérstite e dos herdeiros, indicando o grau de parentesco deles com o falecido e o regime em que este era casado. Também serão apontados e individualizados os bens do espólio, procedendo-se ao balanço do estabelecimento, se ele era comerciante em nome individual, ou a apuração de haveres, se era sócio de sociedade não anônima.

29.10. CITAÇÕES

Serão citados o cônjuge ou companheiro, os herdeiros e os legatários e serão intimados, o testamenteiro, se houver testamento, a Fazenda Pública e o Ministério Público, se houver herdeiro incapaz ou ausente.

De acordo com o § 1º do art. 626 do CPC, a citação do cônjuge ou do companheiro, dos herdeiros e dos legatários será feita pelo correio, observado o disposto no art. 247, sendo, ainda, publicado edital, nos termos do inciso III do art. 259. Nada impede que a citação pelo correio seja, justificadamente, substituída pela citação por Oficial de Justiça.

A Fazenda que deve ser intimada é a estadual. Não são citados os cônjuges dos herdeiros, seja qual for o regime de bens, porque não são sucessores *mortis causa*. No entanto, qualquer ato de disposição dependerá de outorga uxória, porque o direito à sucessão aberta é considerado bem imóvel por determinação legal (CC, art. 80, II).

Quadro sinótico

Morte	Abertura da sucessão	Transferência da herança (real ou presumida) ao herdeiro ou legatário (disposição legal ou testamentária).

Princípio de *saisine*: no momento da morte, a massa patrimonial do *de cujus* que constitui a herança passa de imediato aos herdeiros;

Espólio: nome dado à massa indivisa de bens e obrigações que se transmite aos herdeiros. Perdura enquanto não tiver havido a partilha. Não é dotado de personalidade jurídica, mas tem capacidade de ser parte;
Inventariante: representante do espólio;
Inventário: enumeração e descrição de bens e obrigações que compõem a herança. Em um primeiro momento também será abrangida a meação do cônjuge. Ele não integra a herança, afinal pertence ao cônjuge. Contudo, em princípio, não há como distinguir o que pertencia ao morto e o que pertencia ao viúvo, de forma que tudo integrará o monte-mor;
Meação do *de cujus*: somente ela integrará a herança, logo, somente sobre ela incidirá o imposto da transmissão *mortis causa*;
Princípio da continuidade: somente após a partilha é que será possível o registro dos imóveis no Cartório de Registro de Imóveis.

Inventário judicial	– solene: inventário propriamente dito; – arrolamento: utilizado para pequenas heranças, de valor até mil salários mínimos; – arrolamento sumário: quando só houver maiores e capazes e inexistir divergência sobre a partilha. Nesse caso, é possível que o inventário seja feito extrajudicialmente, por escritura pública, a qual constituirá título para registro imobiliário. As partes devem estar acompanhadas de advogado comum ou de cada uma delas.
Inventário extrajudicial	– partes capazes; – concordes com a partilha de bens; – sem testamento.
Dispensa do inventário	Levantamento de valores depositados em contas de cadernetas de poupança, saldo bancário, FGTS e PIS-Pasep, desde que de pequena monta, na forma da Lei n. 6.858/80, bastando um simples alvará judicial.

Inventário

Competência	– Bens situados no Brasil: o inventário correrá no Brasil, ainda que o *de cujus* residisse no exterior; – Bens situados fora do Brasil: o inventário correrá no local onde se encontram os bens; – Foro competente: último domicílio do autor da herança, sendo indiferente o lugar do óbito. Trata-se de competência relativa, o que impede o juiz de dar-se por incompetente de ofício; – *Vis attractiva*: o juízo do inventário atrai as ações propostas contra o espólio. Exceções: não atrai ações que tenham regras de competência absoluta e que não estejam relacionadas com o direito sucessório, não repercutindo sobre o inventário e na partilha.

Prazo para abertura	– Dois meses a contar da data do óbito, ultimando-se o procedimento nos doze meses subsequentes. – Dilação do prazo: apenas pelo juiz, havendo justo motivo. O inventariante será punido e removido do cargo se o atraso se der por sua culpa; – Perda do prazo: os Estados podem impor multa como sanção para a desobediência do prazo.
Legitimidade	Arts. 615 e 616. Não pode ser aberto de ofício.
Administrador provisório e o inventariante	– Administrador provisório: – função: representará o espólio até que o inventariante seja nomeado e compromissado; – deveres e direitos: deve trazer ao acervo os frutos que durante sua gestão tenha percebido. Em contrapartida, pode cobrar despesas necessárias e úteis que tenha feito, embora deva ressarcir pelos danos a que der causa. – Inventariante: – função: representará judicialmente o espólio até que se ultime a partilha; – quem pode ser nomeado: há uma ordem prevista no art. 617 do CPC que deve ser respeitada; – características: o inventariante deve ser maior e capaz; – inventariante dativo: será nomeado na falta ou no impedimento das pessoas enumeradas no art. 617. Contudo, a ele falta legitimidade para representar ativa e passivamente o espólio. Nesse caso, os herdeiros e sucessores do falecido serão autores ou réus nas ações em que o espólio for parte; – compromisso: será prestado em cinco dias, sendo dispensado nos arrolamentos.
Primeiras declarações	Prazo: prestado o compromisso, o inventariante tem vinte dias para apresentá-las. Conteúdo: art. 620 do CPC.
Citações e intimações	Cônjuge; Herdeiros; Legatários; Testamenteiro (se houver testamento); Fazenda Pública estadual; Ministério Público (se houver herdeiro incapaz ou ausente); – Citação será feita preferencialmente pelo correio, podendo, justificadamente, ser substituída pela feita por Oficial de Justiça. Há necessidade de publicação de edital, na forma do inciso III do art. 259.

29.11. IMPUGNAÇÕES

Quando forem concluídas as citações, as partes terão prazo de quinze dias para se manifestarem sobre as primeiras declarações, cabendo-lhes: "I – arguir erros, omissões e sonegação de bens; II – reclamar contra a nomeação de inventariante; III – contestar a qualidade de quem foi incluído no título de herdeiro" (CPC, art. 627). Acolhida a reclamação referida no inciso I, o juiz mandará retificar as primeiras declarações; a procedência do pedido (inciso II) implicará a nomeação de outro inventariante. Verificando que a disputa sobre a qualidade de herdeiro demanda prova que não a documental, o juiz remeterá as partes às vias ordinárias, sobrestando a entrega do quinhão ao herdeiro impugnado até o julgamento da ação.

De acordo com o art. 668, o sobrestamento cessará se, em trinta dias, não for proposta a ação para exclusão do herdeiro impugnado.

Pode ocorrer, também, que haja reclamação daquele que tenha sido preterido nas primeiras declarações. A admissão no inventário poderá ser feita a qualquer tempo, antes da partilha. As partes serão ouvidas no prazo de quinze dias, e o juiz, a princípio, decidirá no próprio processo de inventário.

Se houver, porém, necessidade de produção de outras provas, que não meramente documentais, o juiz remeterá o interessado para as vias ordinárias, mandando reservar em poder do inventariante o quinhão que lhe possa corresponder, até a solução do litígio. Se no prazo de trinta dias o interessado não propuser a ação, cessa a eficácia da medida que determinou a reserva de bens.

Por fim, no prazo de quinze dias após a vista de que trata o art. 627, a Fazenda Pública informará ao juízo o valor dos bens de raiz descritos nas primeiras declarações, de acordo com os dados constantes do cadastro imobiliário (CPC, art. 629). Essa providência, no entanto, será despicienda quando o inventariante, ao prestar as primeiras declarações, comprovar o valor venal do imóvel, juntando os lançamentos fiscais.

29.12. AS AVALIAÇÕES

Os arts. 630 a 635 do Código de Processo Civil cuidam da avaliação dos bens inventariados. Duas são as suas finalidades: fazer com que eles sejam corretamente partilhados, sem que nenhum dos sucessores fique prejudicado, e permitir o cálculo dos impostos, principalmente o *mortis causa*.

A avaliação será dispensada quando: **a)** todas as partes forem capazes e a Fazenda Pública, intimada, concordar com o valor atribuído aos bens nas primeiras declarações; **b)** for desnecessário avaliar aqueles bens cujo valor tenha sido declarado pela Fazenda Pública, sem que tenha havido impugnação; **c)** for instituído, sobre todos os bens, um condomínio entre os diversos herdeiros, com igualdade de quinhões, desde que a Fazenda não tenha impugnado. A razão é evidente: se os quinhões vão ser distribuídos igualmente sobre todos os bens, nenhum sucessor será beneficiado em detrimento dos demais.

A avaliação é feita por perito ou avaliador judicial, se houver, obedecendo, no que for aplicável, ao disposto nos arts. 872 e 873 do Código de Processo Civil.

As partes terão o prazo de quinze dias para manifestar-se sobre o laudo. Caso o juiz acolha a impugnação, o perito retificará o laudo.

29.13. AS ÚLTIMAS DECLARAÇÕES E OS IMPOSTOS

Encerrada a fase de avaliações, com a aceitação do laudo ou com a solução das impugnações, será lavrado um termo de últimas declarações, que porá fim à fase de inventário. O inventariante poderá, nessa fase, emendar, aditar ou complementar as primeiras declarações.

Assim, caso algum bem tenha sido omitido, o inventariante o incluirá. Havendo omissão sobre coisa de cuja existência tinha ciência, poderá sofrer ação de sonegados.

Terão as partes o prazo de quinze dias para manifestar-se sobre as últimas declarações; depois disso, será feito o cálculo do imposto. A transmissão de bens em decorrência do falecimento fará incidir o *causa mortis*, cuja alíquota será aquela vigente ao tempo da abertura da sucessão (Súmula 112 do STF). A sua base de cálculo é o valor venal do bem transmitido, incidindo sobre a transmissão de bens móveis e imóveis. A alíquota atual é de 4% sobre o valor venal.

Pode ocorrer também a incidência de imposto *inter vivos*, quando ao cônjuge meeiro ou herdeiro for atribuído um quinhão que ultrapasse a meação ou a cota devidas. Assim, se ele receber mais do que lhe cabia, por força de convenção entre os interessados, será necessário recolher o imposto *inter vivos*, calculado sobre aquilo que foi transmitido a mais ao cônjuge ou sucessor.

O cálculo do imposto será feito pelo contador, e as partes manifestar-se-ão em cinco dias. Depois, a Fazenda Pública será ouvida.

Caso seja acolhida a impugnação, o juiz devolverá os autos ao contador, para retificação. Depois, julgará o imposto, por meio de decisão interlocutória agravável.

A existência de dívida para com a Fazenda Pública não impedirá o julgamento da partilha, desde que o seu pagamento esteja devidamente garantido (art. 654, parágrafo único).

29.14. AS COLAÇÕES

Os arts. 2.002 e 2.003 do Código Civil formulam um conceito de colação: é o ato pelo qual os descendentes, que concorrerem à sucessão do ascendente comum, são obrigados a conferir as doações e os dotes que receberam em vida, sob pena de sonegados, com a finalidade de igualar as legítimas.

É dever imposto ao descendente, pois o art. 544 do Código Civil considera a doação de pais a filhos adiantamento de legítima. Isso significa que aquilo que o descendente recebeu de seu pai, em vida, deve ser trazido ao inventário e colacionado, para que ele não seja indevidamente favorecido.

Como regra geral, os bens devem ser trazidos ao inventário. Porém, caso o donatário já não os possua, será levado à colação o seu valor. O art. 2.004 do Código Civil estabelece que o valor será aquele da data da doação, incidindo sobre ele correção monetária. Mas o art. 639, parágrafo único, do CPC, que é norma posterior, determina que os bens conferidos na partilha, assim como as acessões e as benfeitorias que o donatário fez, calcular-se-ão pelo valor que tiverem ao tempo da abertura da sucessão, e não da liberalidade. Essa é a solução que deve prevalecer.

Aqueles que herdarem por representação, seja porque o representado é premorto, seja porque foi excluído por indignidade ou deserdação, terão de colacionar os bens que o representado teria de conferir. O que renunciou à herança não fica isento de conferir as doações recebidas, pois terá de repor a parte inoficiosa.

Os arts. 2.004, § 2º, 2.010 e 2.011 do Código Civil elencam aqueles bens que não precisam ser trazidos à colação, que será feita por termo nos autos do inventário ou por petição à qual o termo se reportará, no prazo de quinze dias depois de concluídas as citações.

Se o herdeiro negar o recebimento dos bens ou a obrigação de conferir, o juiz ouvirá as partes em quinze dias e decidirá à vista das alegações e provas produzidas (CPC, art. 641). Não acolhida a negativa do herdeiro, o juiz mandará que em quinze dias ele proceda a conferência, sob pena de sequestro dos bens. Caso o herdeiro não os tenha mais consigo, o juiz mandará imputar o seu valor no quinhão que lhe couber.

Se a matéria exigir produção de prova diversa da documental, as partes serão remetidas às vias ordinárias, mas o herdeiro não receberá o seu quinhão senão depois de prestar caução correspondente ao valor dos bens não colacionados.

29.15. O PAGAMENTO DAS DÍVIDAS

É facultado aos credores, antes da partilha, requerer ao juízo do inventário o pagamento das dívidas vencidas. O procedimento será aquele previsto nos arts. 642 a 646 do Código de Processo Civil.

O espólio responde, respeitadas as forças da herança, pelas dívidas do falecido, até a data da partilha. Depois, a dívida terá de ser cobrada dos herdeiros, na proporção da parte que lhes coube na herança.

A cobrança no juízo do inventário será feita por petição, acompanhada de prova literal da dívida, que será distribuída por dependência e apensada aos autos do inventário.

Se houver concordância das partes, o juiz ordenará que se separe dinheiro ou, na sua falta, bens suficientes para o pagamento. Neste último caso, o juiz mandará alienar os bens, observando-se as disposições do CPC relativas à expropriação.

Não havendo concordância de todas as partes quanto ao pagamento, o juiz remeterá o credor às vias ordinárias, salvo se a "dívida constar de documento que comprove suficientemente a obrigação e a impugnação não se fundar em quitação" (CPC, art. 643 e parágrafo único).

O procedimento previsto nos arts. 642 e seguintes é apenas facultativo. O credor pode optar por promover ação de cobrança ou de execução, se tiver título.

Se a dívida ainda não estiver vencida, o procedimento será praticamente igual. A única diferença é que o juiz mandará separar dinheiro ou bens suficientes para pagamento, que não se fará de imediato, mas quando a dívida vencer.

A Fazenda Pública não precisa habilitar seus créditos no inventário, devendo valer-se da via executiva, prevista na Lei n. 6.830/80.

Somente depois de pagas as dívidas do espólio é que serão partilhados os bens que restarem. Se elas ultrapassarem o valor da herança, o patrimônio dos herdeiros não responderá pelo excesso. No entanto, os legados serão atingidos se todo o resto já houver sido absorvido pelo pagamento das dívidas. Nesta hipótese, o legatário deverá ser intimado para manifestar-se sobre os débitos do espólio, podendo impugná-los.

Quadro sinótico

Impugnações	Prazo: quinze dias. Reclamação daquele que foi preterido das primeiras declarações: sua admissão no inventário poderá ser feita a qualquer tempo, antes da partilha. As partes serão ouvidas no prazo de quinze dias. Havendo questão de fato que exija prova outra que não documental, o juiz remeterá as partes às vias ordinárias, mandando reservar em poder do inventariante o quinhão que lhe possa corresponder, até a solução do litígio. Sobrestamento: se em trinta dias não for proposta a ação pelas vias ordinárias, cessará o sobrestamento do feito ou a eficácia da medida que determinou a reserva de bens. Fazenda Pública Prazo: quinze dias. Conteúdo: informará ao juízo o valor dos bens de raiz descritos nas primeiras declarações. Tal manifestação será dispensada quando o inventariante comprovar o valor venal do imóvel, juntando os lançamentos fiscais.
Avaliações	Fazer com que os bens sejam corretamente partilhados, sem que nenhum dos sucessores fiquem prejudicados; podem ser dispensadas nas hipóteses dos arts. 633 e 634 do CPC. – Permitir o cálculo dos impostos, principalmente o *mortis causa*.
As últimas declarações e os impostos	– Termo de últimas declarações: porá fim à fase de inventário. É facultado ao inventariante emendar, aditar ou complementar as primeiras declarações. Caso omita algum bem de seu conhecimento, poderá sofrer ação de sonegados; – Prazo de quinze dias para as partes manifestarem-se sobre as últimas declarações; – Imposto *causa mortis*: – Fato gerador: incidirá em decorrência da transmissão dos bens pelo falecimento; – alíquota: aquela vigente ao tempo da abertura da sucessão;

As últimas declarações e os impostos	– Base de cálculo: valor venal do bem transmitido, incidindo sobre a transmissão de bens móveis ou imóveis. Atualmente é de 4% sobre o valor venal; – Imposto *inter vivos*: – Fato gerador: incidirá quando ao cônjuge meeiro ou herdeiro for atribuído um quinhão que ultrapasse a meação ou a cota devidas, isto é, receberam mais do que lhes cabia, por convenção entre as partes; – Cálculo: será feito pelo contador e as partes se manifestarão em cinco dias. Depois, a Fazenda Pública será ouvida. Sendo acolhida a impugnação, o juiz devolverá os autos ao contador, para retificação. Depois, julgará o imposto, por meio de decisão interlocutória agravável.
As colações	– Conceito: ato pelo qual os descendentes, que concorrerem à sucessão do ascendente comum, são obrigados a conferir as doações e os dotes que receberam em vida, sob pena de sonegados, com a finalidade de igualar as legítimas; – Adiantamento da legítima: doações de pais a filhos feitas em vida configuram adiantamento da legítima; – Bens dispensados da colação: arts. 2.044, § 2º, 2.010 e 2.011 do Código Civil; – Herdeiro que nega o recebimento dos bens ou a obrigação de conferi-los: o juiz ouvirá as partes em quinze dias, e decidirá à vista das alegações e provas produzidas.
Pagamento das dívidas	– Procedimento: arts. 642 a 646 do CPC (facultativo, pois o credor pode preferir utilizar-se de ação de cobrança ou de execução, se tiver título); – O espólio, respeitadas as forças da herança, responde pelas dívidas do falecido até a data da partilha; – Cobrança no juízo do inventário: será feita por petição, acompanhada da prova literal da dívida; Havendo concordância das partes: o juiz ordenará que se separe o dinheiro ou, na sua falta, bens suficientes para o pagamento; Não havendo concordância de todas as partes: o juiz remeterá as partes às vias ordinárias, salvo se a dívida constar de documento que comprove suficientemente a obrigação e a impugnação não se fundar em quitação; – Fazenda Pública: não precisa habilitar seus créditos no inventário, pois deve valer-se da via executiva (Lei 6.830/80); – Legados: serão atingidos se todo o resto já houver sido absorvido pelo pagamento das dívidas. O legatário deverá ser intimado para manifestar-se sobre os débitos do espólio, podendo impugná-los.

30 DA PARTILHA

30.1. INTRODUÇÃO

Depois de encerrado o inventário, será feita a partilha, separando-se a meação do cônjuge ou companheiro supérstite.

A partilha é a repartição, entre os herdeiros, do acervo hereditário. Por isso, é evidente que, se só houver um herdeiro, ela não será necessária, bastando adjudicar a ele todos os bens.

Como já ressaltado, a partilha não tem força translativa da propriedade, que se transmite com a abertura da sucessão, mas declaratória de qual o quinhão que cabe a cada herdeiro e quais os bens que o integram.

A partilha será feita depois que as dívidas do espólio tiverem sido pagas, e recairá sobre os bens que remanesceram no acervo, excluída a meação do cônjuge ou companheiro supérstite. Separados os bens suficientes para pagamento dos credores, o juiz concederá às partes o prazo de quinze dias para formular o seu pedido de quinhão. Depois disso, proferirá decisão sobre a partilha, resolvendo os pedidos e apreciando o que deverá constituir a cota de cada herdeiro e legatário.

30.2. ESPÉCIES DE PARTILHA

Pode ser amigável ou judicial. A primeira pressupõe que todos os interessados sejam maiores e capazes, e estejam de acordo quanto ao modo de repartir o acervo. A judicial será realizada quando houver divergência entre os herdeiros ou quando um deles for incapaz.

A partilha amigável pode ser *inter vivos* ou *post mortem*. Em vida, é feita pelo pai ou por qualquer ascendente, por escritura pública ou testamento, não podendo prejudicar a legítima dos herdeiros necessários. É feita exclusivamente pelo proprietário dos bens, nunca pelos seus sucessores, que não podem dispor de herança de pessoa viva.

Se a partilha de todos os bens é feita em vida, por meio de escritura pública de doação com reserva de usufruto, p. ex., não haverá necessidade de inventário nem os bens terão de ser trazidos à colação, podendo apenas haver redução de quinhões, se isso for necessário para a preservação da legítima. A partilha feita por testamento não dispensa o inventário, mas o próprio titular dos bens terá decidido a forma como eles serão repartidos, estabelecendo a cota que caberá a cada um.

Já a partilha amigável *post mortem* é aquela em que os herdeiros, todos maiores e capazes, entram em acordo, no curso do inventário, sobre o modo de dividir os bens. Ela deverá ser formalizada por escritura pública, termo nos autos ou escrito particular homologado pelo juiz.

Somente na partilha judicial será necessário seguir o procedimento previsto nos arts. 647 e s. do Código de Processo Civil, com a formulação de pedidos de quinhão em quinze dias, e posterior decisão do juiz de deliberação da partilha.

Proferida a decisão, será organizado, pelo partidor, um esboço de partilha, observando para pagamento a seguinte ordem, fixada no art. 651 do Código de Processo Civil: "I – dívidas atendidas; II – meação do cônjuge; III – meação disponível; IV – quinhões hereditários, a começar pelo coerdeiro mais velho".

O partidor deve observar a cota hereditária que cabe a cada herdeiro, atribuindo-lhe pagamento proporcional, no acervo hereditário. Os bens deverão ser repartidos. Se isso for impossível ou muito difícil, a solução será fazer com que cada herdeiro fique com uma parte ideal de cada bem, formando-se um condomínio.

As partes terão o prazo de quinze dias para manifestar-se sobre o esboço. Resolvidas as reclamações, a partilha será lançada aos autos, com todos os requisitos do art. 653 do Código de Processo Civil.

Depois de pago o imposto *causa mortis* e comprovada a inexistência de dívida perante a Fazenda Pública, o juiz julgará a partilha por sentença. Se ela for amigável, bastará que seja homologada.

Transitada em julgado essa sentença, cada herdeiro receberá o seu quinhão por meio de um documento chamado formal de partilha, que conterá as peças mencionadas no art. 655 do Código de Processo Civil, e poderá ser substituído por certidão de pagamento de quinhão hereditário, quando este não superar cinco salários mínimos.

30.3. A ANULAÇÃO E A RESCISÃO DA PARTILHA

A partilha amigável pode ser anulada por qualquer dos defeitos que maculam os negócios jurídicos, como, p. ex., o erro, o dolo e a coação. Também em razão da existência de herdeiro incapaz, que torna necessária a partilha judicial.

A ação anulatória é proposta perante a primeira instância, no prazo decadencial de um ano, que correrá da cessação da coação, quando for este o vício; do dia em que se realizou o ato, quando houver erro ou dolo; ou da cessação da incapacidade, quando for este o defeito.

A partilha judicial não será anulada, mas rescindida, nas hipóteses do art. 658 do Código de Processo Civil: quando existente algum dos defeitos do negócio jurídico, se feita com preterição das formalidades legais, ou quando tenha preterido herdeiro ou incluído quem não o seja. A rescisão da sentença deverá ser feita por ação rescisória, no prazo de dois anos, a contar do trânsito em julgado da sentença.

Tem-se decidido que, ainda no caso de partilha judicial, se não houve litígio entre os herdeiros (p. ex., só porque há incapaz, sem que haja divergência), será adequada a sua anulação, restringindo-se a ação rescisória para quando a sentença for efetivamente de mérito, com apreciação de impugnações.

Eventuais terceiros prejudicados poderão também ajuizar ação de nulidade da partilha, que poderá ser cumulada com petição de herança.

Inexatidões materiais da partilha poderão ser corrigidas a qualquer tempo, de ofício ou a requerimento do interessado.

Quadro sinótico

Partilha

– Objetiva-se apontar qual o quinhão que cabe a cada herdeiro;
– Cabimento: será feita findo o inventário, depois que as dívidas do espólio tiverem sido pagas;
– Características: declara o quinhão que cabe a cada herdeiro e quais bens que o integram;
– Bens sujeitos à partilha: bens remanescentes no acervo, após o pagamento dos credores, excluída a meação do cônjuge ou companheiro supérstite;
– Dispensa da partilha: único herdeiro, ou se o *de cujus* em testamento já determinou qual o quinhão que caberá aos seus sucessores;
– Regras aplicáveis: regras do direito das sucessões. Os herdeiros herdarão por direito próprio ou por representação. Insta ressaltar que o direito de representação verifica-se apenas na linha descendente e colateral, em favor dos filhos dos irmãos do falecido quando com irmão deste concorrerem;
– Procedimento: as partes terão o prazo de quinze dias para formular o seu pedido de quinhão. Depois disso, o juiz proferirá a sua decisão sobre a partilha, resolvendo os pedidos e apreciando o que deverá constituir a cota de cada herdeiro e legatário;
– Inventário judicial e partilha extrajudicial: é admissível, desde que todos os herdeiros sejam maiores e capazes e não divergirem. Neste caso, podem optar por fazer a partilha por termo nos autos de inventário, escritura pública ou escrito particular homologado pelo juiz;
– Sobrepartilha: será feita nos mesmos autos de inventário, quando depois de ultimada a partilha aparecerem outros bens. O art. 669 do CPC exemplifica os bens sonegados, descobertos depois da partilha, litigiosos e os de liquidação difícil ou morosa e situados em local remoto da sede do juízo onde se processa o inventário.

Partilha

Espécies	Amigável	– *Inter vivos*; – *Post mortem*; – Pressupostos: partes maiores e capazes que estejam de acordo quanto ao modo de repartir o acervo; – É passível de anulação;
Espécies	Amigável	– Motivos: defeitos do negócio jurídico ou em razão de herdeiro incapaz, que torna necessária a partilha judicial; – Ação anulatória: deve ser proposta perante o juízo de primeira instância, no prazo decadencial de um ano, que correrá da cessação da coação, quando for este o vício; do dia em que se realizou o ato, quando houver erro ou dolo; ou da cessação da incapacidade, quando for este o defeito.
	Judicial	– Procedimento dos arts. 647 e s. do CPC; – Pressupostos: obrigatória quando há herdeiros incapazes ou capazes entre os quais não há acordo; – É passível de rescisão; – Motivos: defeitos do negócio jurídico, se feita com preterição de formalidades legais, ou quando tenha preterido herdeiro ou incluído quem não o seja; – Ação rescisória: deverá ser promovida no prazo de dois anos; – Particularidade: tem-se entendido que na partilha judicial em que não haja litígio entre os herdeiros poderá ser feita a anulação, restringindo-se a ação rescisória para quando a sentença for efetivamente de mérito, com apreciação de impugnações; – Terceiros prejudicados: podem ajuizar ação de nulidade de partilha, que poderá ser cumulada com petição de herança.

Partilha judicial

Procedimento	As partes formularão pedido de quinhão em quinze dias, visto que o juiz decidirá em igual prazo.
Esboço de partilha	Após a decisão, será organizado pelo partidor um esboço da partilha, observando para o pagamento a seguinte ordem:

Esboço de partilha	– dívidas atendidas; – meação do cônjuge; – meação disponível; – quinhões hereditários, a começar pelos herdeiros mais velhos.
Manifestação	Prazo de quinze dias para as partes manifestarem-se sobre o esboço.
Lançamento nos autos	Resolvidas as reclamações, a partilha será lançada nos autos.
Impostos	Pagamento do imposto *causa mortis* e comprovação de inexistência de dívida perante a Fazenda Pública.
Sentença	Prolação da sentença.
Formal de partilha	Transitada em julgado a sentença, cada herdeiro receberá o seu quinhão por meio de um documento chamado formal de partilha (art. 655 do CPC), que poderá ser substituído por certidão de pagamento de quinhão hereditário, quando este não superar cinco salários mínimos.

31 DO ARROLAMENTO

É uma forma simplificada de inventariar os bens, quando eles forem de pequeno valor, até o limite de mil salários mínimos. Não se confunde com o arrolamento sumário, que é também forma simplificada de inventário, utilizada seja qual for o valor dos bens, quando todos os herdeiros forem maiores e capazes e não houver divergência entre eles.

Desde que os bens estejam dentro daquele valor, a adoção do arrolamento é obrigatória, sendo irrelevante que haja incapazes ou divergência entre os herdeiros.

Qualquer uma das pessoas enumeradas nos arts. 615 e 616 do Código de Processo Civil pode requerer a abertura do arrolamento, instruindo o pedido com certidão de óbito. O juiz nomeará, em seguida, um inventariante, que não precisa prestar compromisso. Ele apresentará, com suas declarações, a atribuição do valor dos bens do espólio e o plano de partilha (CPC, art. 664, *caput*).

As partes ou o Ministério Público, que intervirá sempre que houver incapazes ou ausentes, poderão impugnar o valor atribuído aos bens. Se isso ocorrer, o juiz nomeará um avaliador, que apresentará laudo em dez dias.

Deverão ser exibidas as provas de quitação dos tributos relativos aos bens do espólio e às suas rendas. Eventuais herdeiros que não estejam representados serão citados.

Em seguida, o juiz solucionará todas as questões suscitadas pelas partes e pelo Ministério Público, deliberando sobre a partilha. Se houver necessidade de colheita de prova oral, será designada audiência.

Julgada a partilha (ou a adjudicação, quando o herdeiro for único), com trânsito em julgado, será expedido o respectivo formal (ou carta de adjudicação).

32 DO ARROLAMENTO SUMÁRIO

É forma bastante reduzida de inventário e partilha, que só pode ser utilizada quando todos os herdeiros forem maiores e capazes e estiverem de acordo quanto à forma de repartir os bens, seja qual for o valor deles. Perdeu boa parte de sua utilidade depois da entrada em vigor da Lei n. 11.441/2007, que permite inventário e partilha por escritura pública, quando presentes as situações autorizadoras do arrolamento sumário. Parece-nos que cumprirá aos interessados optar entre ele e inventário e partilha extrajudiciais.

No arrolamento sumário, a partilha amigável, que observará o disposto no art. 2.015 do Código Civil, será apresentada para homologação ao juiz, acompanhada de comprovação do pagamento dos tributos relativos ao espólio e às suas rendas.

Como exige-se a concordância de todos, a falta de algum herdeiro, que não tenha sido localizado, impede a adoção do arrolamento sumário, obrigando a citação do sucessor ausente.

A existência de testamento não obsta a sua utilização, desde que todos sejam capazes e não haja divergência.

Quando houver herdeiros casados, os respectivos cônjuges também terão de outorgar procuração, em face do caráter negocial da partilha amigável.

No arrolamento sumário não se lavrarão termos de qualquer espécie. Assim, ficam dispensados o termo de compromisso, o de primeiras declarações e o de partilha. Na petição inicial, que virá acompanhada da certidão de óbito e de procuração de todos os herdeiros e respectivos cônjuges, deverá ser requerida, pelos herdeiros, a nomeação de um inventariante, que eles próprios designarão. Também serão enumerados os herdeiros, os títulos de cada um e os bens do espólio. A eles será atribuído um valor, para fins de partilha.

A Fazenda Pública não é intimada, porque o imposto de transmissão *causa mortis* será cobrado por via administrativa. Também eventual diferença de taxa judiciária poderá ser cobrada por lançamento administrativo, porque a Fazenda não fica adstrita ao valor que os herdeiros atribuíram aos bens. Por isso, ela deve ser intimada da sentença homologatória, pois tem interesse em fazer a cobrança posterior, em via administrativa, dos tributos de que seja credora.

A avaliação é desnecessária, salvo se algum credor requerer a reserva de bens suficientes para o seu pagamento e impugnar os valores atribuídos (art. 663, parágrafo único).

A existência de algum credor do espólio não impede a homologação da partilha ou da adjudicação, desde que sejam reservados bens suficientes para pagamento da dívida. Essa reserva será feita pelo valor estimado dos bens, salvo se for impugnado pelo credor, caso em que deverá ser feita avaliação.

Homologada a partilha ou a adjudicação, serão expedidos o formal ou a carta.

Quadro sinótico

1) Do arrolamento	Conceito: forma simplificada de inventariar os bens, quando eles forem de pequeno valor, até o limite de mil salários mínimos, sendo irrelevante que haja incapazes ou divergência entre os herdeiros; o procedimento é o do art. 664 do CPC. Adoção obrigatória se o valor dos bens for até este valor. Legitimados para pedir a abertura: arts. 615 e 616 do CPC. O pedido deve ser instruído com a certidão de óbito.	
2) Do arrolamento sumário	Conceito	Forma reduzida do inventário e da partilha que pode ser utilizada quando todos os herdeiros forem maiores e capazes e estiverem de acordo quanto à forma de repartir os bens, seja qual for o valor deles; o procedimento é o dos arts. 662 e 663 do CPC.
	Lei n. 11.441/07	Permite o inventário e a partilha por escritura pública, nas mesmas condições. Cabe às partes opta-

2) Do arrolamento sumário	Lei n. 11.441/07	rem pelo arrolamento judicial ou pelo procedimento extrajudicial.
	Fazenda Pública	Não é intimada, pois o imposto de transmissão *causa mortis* será cobrado por via administrativa. Também eventual diferença de taxa judiciária poderá ser cobrada por lançamento administrativo, porque a Fazenda não fica adstrita ao valor que os herdeiros atribuíram aos bens. Por isso, ela deve ser intimada da sentença homologatória, pois tem interesse em fazer a cobrança posterior, em via administrativa, dos tributos de que seja credora.
	Credores do espólio	Não impede a homologação da partilha ou da adjudicação, desde que sejam reservados bens suficientes para o pagamento da dívida. Essa reserva deverá ser feita pelo valor estimado dos bens, salvo se for impugnado pelo credor, caso em que deverá ser feita avaliação.

Capítulo VII

DOS EMBARGOS DE TERCEIRO

33 INTRODUÇÃO

Os embargos de terceiro são uma ação de conhecimento que tem por fim livrar de constrição judicial injusta bens que foram apreendidos em um processo no qual o seu proprietário ou possuidor não é parte.

Como regra, apenas os bens das partes podem ser atingidos por ato de apreensão judicial. Somente em hipóteses excepcionais, expressamente previstas, será possível atribuir responsabilidade patrimonial a quem não figura no processo, tornando lícita a apreensão de seus bens. Assim, ressalvadas essas situações, em que se atribui responsabilidade patrimonial a terceiro (CPC, art. 790), nenhum ato de constrição pode atingir coisa de quem não seja autor ou réu.

Se isso ocorrer, a ação adequada para desconstituir a apreensão indevida são os embargos de terceiro, cujo ajuizamento pressupõe a existência de uma constrição judicial (ou ameaça) que ofenda a posse ou a propriedade de um bem de pessoa que não seja parte no processo.

Não se confundem, assim, os embargos de terceiro e as ações possessórias. Estas fundam-se exclusivamente na posse turbada ou esbulhada, ao passo que aqueles podem ser ajuizados pelo possuidor ou pelo proprietário. Ademais, a turbação ou o esbulho que justificam os embargos são aqueles perpetrados por oficial de justiça, no cumprimento de uma determinação judicial. Portanto, se eles decorrerem de ato de particular, ou até de entidade pública, mas não de uma apreensão judicial, a ação adequada será a possessória.

Também não se confundem embargos de terceiro e oposição. Nos embargos, o terceiro não formula pedido coincidente com aquele da ação principal, não havendo relação de prejudicialidade entre as demandas. Já o pedido, na oposição, coincide, total ou parcialmente, com o pedido formulado na ação principal.

Então, se *A* ajuíza ação reivindicatória contra B, e outra pessoa, C, entende ser o verdadeiro titular da coisa, pretendendo igualmente reavê-la, a oposição será a via adequada. Afinal, tanto *A* quanto C pretendem recuperar o mesmo objeto, que está com B. A procedência do pedido de C resultará, inexoravelmente, na improcedência do pedido de *A*, em face da relação de prejudicialidade. Inexiste, nesse caso, ato de apreensão judicial a ser desconstituído.

Já nos embargos, o terceiro não formula pedido coincidente com o formulado na ação principal, mas sofre turbação ou esbulho decorrente de uma apreensão judicial. P. ex., se em uma possessória entre *A* e B for deferida liminar, e o oficial de justiça, no momento de cumpri-la, apreender equivocadamente um bem de C, a ação cabível será a de embargos de terceiro. A procedência deles não implica a improcedência da ação principal, mas a desconstituição do ato de constrição judicial.

A distinção fica mais evidente quando se pensa no processo de execução. Os embargos de terceiro serão oponíveis sempre que o arresto ou a penhora recair sobre bem de quem não esteja sendo executado. No entanto, não cabe oposição, que só existe quando o terceiro pretende para si aquilo que as partes disputam no processo principal. E, no processo de execução, as partes principais não estão mais disputando, pois já há título executivo. Apenas o exequente procura, por meio de atos materiais, concretizar o comando contido no título.

34 REQUISITOS

São quatro os requisitos para a oposição dos embargos de terceiro: **a)** a existência de um ato de apreensão judicial; **b)** que o embargante seja proprietário ou possuidor da coisa; **c)** que seja terceiro; **d)** que se obedeça ao prazo fixado no art. 675 do Código de Processo Civil.

34.1. O ATO DE APREENSÃO JUDICIAL

Sem ele não se pode falar em embargos de terceiro. Se o esbulho ou a turbação de bem não decorreu de uma determinação judicial, a ação do proprietário ou possuidor será outra (reivindicatória ou possessória).

Como é sempre necessário que haja apreensão judicial, os embargos de terceiro pressupõem sempre a existência de outra ação, em que a constrição indevida tenha sido determinada. Por isso é que os embargos de terceiro serão sempre distribuídos por dependência ao juízo da ação principal.

É muito comum que a ação principal seja executiva, porque nela ocorrem mais frequentemente os atos de apreensão judicial. No entanto, os embargos de terceiro podem estar vinculados também à ação de conhecimento, desde que nelas seja efetivada uma constrição de bem de terceiro.

Como exemplos de atos de apreensão judicial podem ser mencionados: penhora, depósito, arresto, sequestro, alienação judicial, arrecadação, arrolamento, inventário e partilha.

34.2. QUALIDADE DE SENHOR OU POSSUIDOR

Os embargos de terceiros podem estar fundados em propriedade, inclusive fiduciária, ou posse, como resulta da leitura do art. 674, § 1º, do CPC.

É inegável que o proprietário, ainda que sem a posse da coisa, tem interesse em preservá-la. Da mesma forma que ele tem o direito de havê-la de quem quer que injustamente tenha a coisa consigo (direito à posse decorrente da propriedade – *jus possidendi*), tem o direito de preservá-la de injustas apreensões judiciais. A pessoa que adquire um imóvel, por escritura pública levada a registro, pode valer-se dos embargos de terceiro para protegê-lo de apreensão judicial indevida, ainda que não tenha ingressado em sua posse.

A redação do § 1º do art. 674 afasta qualquer dúvida sobre a possibilidade de o proprietário fiduciário, isto é, daquele a quem foi transferida a propriedade como garantia de uma dívida, em alienação fiduciária em garantia, poder valer-se também dos embargos.

34.3. A QUALIDADE DE TERCEIRO

Quem é parte no processo não pode veicular os embargos de terceiro, devendo valer-se das vias processuais adequadas. Se o juiz determinou ato de apreensão judicial sobre seus bens, serão cabíveis os recursos apropriados, ou, no processo de execução, o aforamento de embargos à execução.

Para apurar quem é terceiro, basta verificar quem não é parte, ou seja, quem não figura como autor ou réu. Não pode usar os embargos a parte ilegítima, porque a ilegitimidade não lhe retira a qualidade de parte. Porém, o assistente simples, que é mero interveniente, tem legitimidade para fazê-lo.

Há, contudo, situações em que o ato de apreensão judicial pode atingir bens de terceiro, sem que ele possa utilizar-se com sucesso dos embargos. São os casos em que alguém, mesmo não sendo parte, tem responsabilidade patrimonial. O art. 790 do Código de Processo Civil enumera as situações em que terceiro responde por dívida alheia.

Algumas delas são muito relevantes. O sócio responde pelas dívidas da sociedade, nos termos da lei. Também responde quando se verificar que a pessoa jurídica foi utilizada como capa para afastar a responsabilidade pessoal dos sócios, que agiram com abuso e má-fé, no intuito de prejudicar terceiros. Trata-se de aplicação da teoria da desconsideração da personalidade jurídica.

Sempre que isso ocorrer, será possível atingir os bens pessoais dos sócios, ainda que a execução seja contra a sociedade. A desconsideração da personalidade jurídica deve observar o procedimento estabelecido nos arts. 133 e s. Caso ela seja acolhida, o sócio passará a integrar o processo, e não poderá valer-se de embargos de terceiro, caso seus bens sejam atingidos, mas apenas dos meios de defesa próprios de quem é parte. Se, no entanto, os bens dos sócios venham a ser atingidos sem que tenha havido a prévia desconsideração da personalidade jurídica, e sem a citação dos sócios e a integração deles ao processo, a defesa dos seus bens poderá ser feita por embargos de terceiro (art. 674, III).

O adquirente de bens alienados ou gravados com fraude de execução também é responsável (CPC, art. 790, V).

A fraude à execução ocorre nas hipóteses do art. 792 do Código de Processo Civil e pressupõe a existência de demanda em curso quando da alienação dos bens. Embora ainda remanesça alguma controvérsia, é amplamente majoritário o entendimento de que ela só se configura quando o devedor já estava citado na ação em curso.

Ocorrerá a fraude quando, em ação real ou reipersecutória, o bem disputado for alienado depois da citação do réu, desde que a pendência do processo tenha sido averbada em registro público; e quando, em ação pessoal, houver alienação de bens que tornem o devedor insolvente, depois que ele tenha sido citado, caso em que o reconhecimento da fraude fica condicionado a que tenha havido a averbação da penhora (ou da hipoteca judiciária ou ainda de outro ato de constrição originário do processo em que arguida a fraude), ou a que se faça prova da má-fé do adquirente, nos termos da Súmula 375 do STJ. Mais precisamente, se o bem alienado for daqueles sujeitos a registro, a presunção de má-fé só existirá se a averbação, seja da penhora, seja da certidão expedida na forma do art. 828 do CPC, tiver sido feita. Já quando se tratar de bem não sujeito a registro, cabe ao terceiro adquirente comprovar que tomou as cautelas necessárias para a aquisição, na forma do disposto no art. 792, § 2º, do CPC, para demonstrar que agiu de boa-fé. Por isso, determina o art. 792, § 4º, do CPC, que o terceiro adquirente deverá ser intimado, antes da declaração da fraude, para, querendo, opor embargos de terceiro. A intimação não é para que o adquirente integre a execução, e nela se manifeste ou defenda, mas para que, querendo, oponha embargos de terceiro. O dispositivo fixa o prazo de quinze dias para que ele o faça, e o Enunciado 54 da Enfam atribui a esse prazo caráter preclusivo. Não nos parece, porém, ser essa a melhor solução. Não é razoável que o terceiro adquirente tenha prazo menor para opor os embargos, devendo ser respeitado o prazo geral, estabelecido no art. 675, *caput*, do CPC.

O juiz declarará a ineficácia do negócio jurídico em fraude à execução, sem que seja necessário ajuizar ação autônoma. O terceiro adquirente do bem poderá tentar livrá-lo da constrição por meio de embargos. No entanto, provada a fraude, os embargos serão improcedentes.

Séria é a controvérsia sobre a possibilidade de o credor requerer, no bojo dos embargos de terceiro, que o juiz reconheça a fraude contra credores, a qual se distingue por ser perpetrada antes que haja demanda em curso. Para parte da doutrina, ela também gera ineficácia, e não anulabilidade, do negócio. Assim, seria possível reconhecê-la no bojo dos embargos, sem a propositura de ação autônoma, julgando-os improcedentes.

Outros entendem, porém, que a fraude gera a anulação do negócio e só pode ser declarada em ação autônoma, chamada pauliana, na qual figurarão, no polo passivo, tanto o adquirente do bem quanto o alienante (que não figura em nenhum dos polos nos embargos de terceiro).

O Superior Tribunal de Justiça inclinou-se por essa segunda posição, editando a Súmula 195: "Em embargos de terceiro não se anula ato jurídico, por fraude contra credores".

O art. 790, IV, do Código de Processo Civil atribui responsabilidade patrimonial ao cônjuge ou companheiro nos casos em que os seus bens próprios, reservados ou de sua meação respondem pela dívida. Sobre os embargos de terceiro opostos pelo cônjuge ou companheiro falar-se-á, mais tarde, em capítulo próprio.

Sempre houve muita controvérsia sobre a legitimidade do compromissário-comprador para opor embargos de terceiro, livrando da constrição o bem que lhe foi prometido. A Súmula 621 do Supremo Tribunal Federal condicionava a oposição dos embargos a que o compromisso estivesse registrado no Registro de Imóveis.

Porém, o Superior Tribunal de Justiça editou a Súmula 84, que revogou a anterior do Supremo Tribunal Federal, permitindo a oposição dos embargos de terceiro fundados em posse advinda de compromisso de compra e venda de imóvel ainda que desprovido de registro.

Não é possível que aquele que não foi parte, mas teve o seu direito material postulado ou defendido em juízo, valha-se de embargos de terceiro. Trata-se das situações em que o legislador permite a substituição processual, atribuindo a alguém permissão para defender em nome próprio direito alheio. O substituto, legitimado processual, que figura como parte, não é o titular do direito material, que pertence ao substituído. Quando isso ocorre, o substituído fica sujeito aos efeitos da sentença, como se parte fosse, podendo, se quiser, intervir no feito na qualidade de assistente litisconsorcial.

Conquanto o substituído não tenha sido parte, ele é atingido pela coisa julgada, por ser o titular do direito material. É o que ocorre na hipótese de alienação de coisa litigiosa (art. 109, *caput* e § 3º), quando se mantêm as partes originárias. O alienante não é mais titular do direito material, transferido ao adquirente. Há, assim, uma hipótese de substituição processual, pois o alienante continua no processo, defendendo em nome próprio interesses que já transferiu ao adquirente. Este poderá, querendo, intervir como assistente litisconsorcial. Intervindo ou não, a sentença estenderá a ele os seus efeitos, impedindo-o de invocar a sua qualidade de terceiro, para livrar a coisa da constrição judicial por meio dos embargos.

34.4. O PRAZO

Conforme já foi ressaltado, os embargos de terceiro podem estar associados a um processo de conhecimento ou de execução. O prazo para oposição varia de acordo com a natureza do processo ao qual os embargos estão ligados. Se for de conhecimento, eles poderão ser opostos até o trânsito em julgado da sentença. Portanto, ainda que o processo esteja em instância superior, para apreciação de recurso. Se for de execução, o prazo será de até cinco dias depois da arrematação, da alienação particular ou da adjudicação, mas sempre antes da assinatura da respectiva carta (CPC, art. 675). No entanto, se o terceiro não tinha conhecimento da execução, nem foi intimado da expropriação do bem, o prazo só começa a ocorrer do momento em que sua posse foi turbada, como tem decidido o Superior Tribunal de Justiça (AgRg nos EDcl no Ag 812.823/PE, Rel. Min. Herman Benjamin, 2ª T., j. em 17-3-2009, *DJe* 27-3-2009).

No caso de embargos de terceiro do adquirente de bens em fraude à execução, estabelece o art. 792, § 4º, do CPC prazo de quinze dias, a contar da intimação dele, determinada no processo em que houve a constrição. Sobre esse prazo, ver item 34.3, *supra*.

35 EMBARGOS DE TERCEIRO DO CÔNJUGE OU COMPANHEIRO

Um cônjuge ou companheiro responde pela dívida contraída pelo outro desde que ela tenha revertido em proveito de ambos ou da família. E, até prova em contrário, presume-se que a dívida de um beneficiou o outro, seja qual for o regime de bens do casamento, salvo se for decorrente de ato ilícito.

Assim, aquele que quiser livrar da constrição seus bens próprios ou a sua meação, na execução ajuizada contra o outro cônjuge ou companheiro, deverá opor embargos de terceiro, demonstrando que a dívida não o beneficiou.

A legitimidade para opor embargos de terceiro, livrando da penhora a sua meação ou seus bens particulares, deve ser reconhecida, ainda que o cônjuge ou companheiro tenha sido intimado da penhora, na forma do art. 674, § 2º, do Código de Processo Civil (Súmula 134 do STJ).

Tem sido reconhecida também a legitimidade do cônjuge ou companheiro para opor embargos à execução, com a finalidade de discutir a dívida, ainda que a execução não tenha sido movida contra ele. Assim, o marido ou a mulher do executado tem dupla legitimidade: para discutir a dívida, opondo embargos à execução, e para livrar da penhora os bens próprios ou de sua meação, por meio de embargos de terceiro. Nada impede que ele oponha às duas coisas, com fundamento em títulos diversos.

O acolhimento dos embargos de terceiro livrará da penhora a sua meação ou os bens próprios. A exclusão da meação será considerada em cada bem do casal, e não sobre a totalidade deles. No entanto, penhorada coisa indivisível, e excluída a meação do cônjuge, ela irá inteira a leilão, restituindo-se-lhe a metade do preço alcançado.

36 EMBARGOS DE TERCEIRO DO CREDOR COM GARANTIA REAL

O art. 674, § 2º, IV, do CPC autoriza a oposição dos embargos de terceiro ao credor com garantia real, para "obstar expropriação judicial de direito real de garantia, caso não tenha sido intimado, nos termos legais dos atos expropriatórios respectivos".

O credor com garantia real tem direito de preferência sobre o produto da alienação da coisa, devendo ser intimado da realização da penhora e do leilão (CPC, arts. 799, I, e 889).

Um bem hipotecado a um terceiro não é impenhorável. Porém, como a hipoteca atribui preferência ao seu titular, o credor hipotecário, que não é parte na execução, terá de ser intimado para fazer valer essa preferência.

Caso o devedor tenha outros bens livres e desembaraçados, o credor hipotecário poderá opor embargos de terceiro, para que seja desconstituída a penhora sobre o bem hipotecado, transferindo-a para os livres. No entanto, se o devedor não os tiver, o credor hipotecário não pode impedir o leilão, tendo de limitar-se a solicitar que seja respeitada a sua preferência: "O credor hipotecário tem direito de preferência ao levantamento do preço depositado, ainda que não haja proposto a execução e penhorado o imóvel hipotecado" (STJ, 3ª T., REsp 53.311-SP).

Também será possível ao credor hipotecário opor embargos de terceiro para obstar o leilão, desde que não tenha sido intimado com cinco dias de antecedência. A falta de intimação impedirá a realização daquele leilão, mas não a designação de outra data para a sua efetivação, salvo se o credor demonstrar que existam outros bens sobre os quais a penhora pode recair.

37 PROCEDIMENTO

Os embargos de terceiro serão distribuídos por dependência ao juízo em que foi ordenada a apreensão judicial, ainda que o processo principal já tenha sido remetido à segunda instância, para apreciação do recurso.

Quando a penhora de bens é feita por carta precatória, os embargos de terceiro serão opostos no juízo deprecado, salvo se o bem apreendido tiver sido indicado pelo juízo deprecante ou se já devolvida a carta, nos termos do art. 676, parágrafo único, do CPC.

A petição inicial deve preencher os requisitos do art. 319 do Código de Processo Civil. O valor da causa não será, necessariamente, igual ao da ação principal, mas do benefício patrimonial que se pretende. Como o objeto dos embargos é livrar determinados bens da constrição, o valor da causa deverá corresponder ao valor aproximado desses bens.

O legitimado ativo é o terceiro, ou a parte equiparada a terceiro, nas situações previstas em lei (art. 674, § 2º, do CPC). O passivo é o autor da ação principal, que foi quem deu causa à constrição judicial. Não há necessidade de que o réu do processo principal integre o polo passivo dos embargos de terceiro, em litisconsórcio necessário. Em uma circunstância, porém, o executado deverá integrar o polo passivo dos embargos, em litisconsórcio necessário: quando a constrição deu-se sobre bem que foi por ele nomeado à penhora.

Todos os documentos que o embargante tenha, hábeis a comprovar a posse ou a propriedade da coisa e a sua qualidade de terceiro, devem ser juntados.

Caso o embargante pretenda ouvir testemunhas, o rol já deve ser trazido com a petição inicial. Da mesma forma, se o embargado quiser produzir prova oral, deverá arrolar as suas testemunhas na contestação.

Embora distribuídos por dependência, os embargos correm em autos distintos, que não serão apensados aos do processo em que ocorreu a apreensão judicial. Afinal, é possível que o processo principal já esteja em segunda instância, para a apreciação de recurso. Mas, ainda que o processo principal esteja no juízo de origem, não haverá apensamento.

Ao receber os embargos, o juiz determinará a suspensão das medidas constritivas sobre os bens litigiosos objeto dos embargos. Se versarem sobre todos, as medidas de constrição ficarão todas suspensas. Se apenas sobre alguns deles, somente as que a eles se referirem ficarão suspensas. Trata-se de preceito cogente a ser observado pelo juiz. Mas, se os embargos forem indeferidos liminarmente, não chega a haver a suspensão. Esta perdura, quando determinada, até o julgamento, embora possa ser revogada se no curso dos embargos surgirem fatos novos que justifiquem a modificação do convencimento do juiz.

Caso o processo principal já esteja no Tribunal, o juiz não poderá suspender as medidas constritivas, mas apenas comunicar a interposição dos embargos ao relator para que o faça.

Quando a petição inicial estiver instruída com prova suficiente da posse, o juiz concederá liminar, determinando que o embargante seja reintegrado ou mantido na posse. Porém, quando necessário, o juiz poderá designar audiência preliminar de justificação, que terá procedimento semelhante ao das ações possessórias.

O juiz poderá condicionar o deferimento da ordem de manutenção ou reintegração provisória de posse a que o embargante preste caução, porque o esbulho ou a turbação decorre de um ato de apreensão judicial cogente. A caução poderá ter natureza real ou fidejussória.

O juiz só a fixará se entender necessário, para preservar o embargado de eventuais riscos decorrentes da perda provisória do bem. Mas o juiz dispensará a caução, se o embargante for hipossuficiente.

Tal como nas possessórias, a liminar nos embargos de terceiro tem natureza de tutela antecipada específica, com requisitos próprios, e não de tutela cautelar. O requisito para o seu deferimento é a prova, ainda que em cognição superficial, da posse e da qualidade de terceiro.

Como os embargos de terceiro constituem ação e processo autônomos, o réu será citado. No entanto, por força do § 3º do art. 677 do CPC, se o embargado tiver advogado no processo principal, não haverá citação pessoal, mas por intermédio de seu advogado. Não bastará a mera intimação do advogado pela imprensa, sendo necessária a citação. No entanto, ela será dirigida ao advogado, em situação idêntica à que ocorre na oposição, conforme o art. 683, parágrafo único, do CPC. Se o embargado não tiver advogado no processo principal, ele deverá ser pessoalmente citado.

O prazo para contestação é de quinze dias. O embargado poderá alegar, em sua defesa, todas as matérias que lhe pareçam pertinentes, mormente a extensão da responsabilidade patrimonial ao terceiro.

Decorrido o prazo de contestação, observar-se-á o procedimento comum.

Quadro sinótico – Embargos de terceiros

Conceito	Ação de conhecimento que tem por fim livrar de constrição judicial injusta bens que foram apreendidos em um processo no qual o seu proprietário ou possuidor não é parte.
Regra	Apenas os bens das partes podem ser atingidos por ato de apreensão judicial.
Exceção	Excepcionalmente, é possível atribuir responsabilidade patrimonial a terceiro (art. 790 do CPC). Fora das exceções do art. 790, nenhum ato de constrição pode atingir coisa de quem não seja autor ou réu.
Distinções	Embargos de terceiro: podem ser ajuizados pelo possuidor ou pelo proprietário. A turbação ou o esbulho que os justificam são aqueles perpetrados por oficial de justiça, no cumprimento de uma determinação judicial.

Requisitos	– O ato de apreensão judicial; – Qualidade de senhor e possuidor; – A qualidade de terceiro; – O prazo.
Qualidade de terceiro	– Conceito: terceiro é quem não é parte no processo, ou seja, quem não figura como autor ou como réu. Podem opor embargos de terceiro também as pessoas enumeradas no rol do art. 674, § 2º, do CPC.
(Súm. 195 do STJ)	Há possibilidade de o credor requerer, no bojo dos embargos de terceiro, que o juiz reconheça a fraude contra credores? Não. A fraude gera a anulação do negócio e só pode ser declarada em ação autônoma, chamada pauliana, na qual figurarão, no polo passivo, tanto o adquirente do bem quanto o alienante.
Juízo competente	Os embargos serão distribuídos por dependência ao juízo em que foi ordenada a apreensão judicial, ainda que o processo principal já tenha sido remetido à segunda instância, para apreciação de recurso.
Penhora dos bens feita por carta precatória	Deve ser interposta no juízo deprecado, salvo se o bem apreendido tiver sido indicado pelo juízo deprecante ou se a carta já tiver retornado.
Legitimado ativo	Terceiro ou a parte equiparada a terceiro.
Legitimado passivo	Autor da ação principal. Apenas haverá necessidade de o réu da ação principal integrar o polo passivo dos embargos em litisconsórcio necessário quando a constrição deu-se sobre bem que foi por ele nomeado à penhora.
Suspensão das medidas constritivas	As medidas constritivas poderão ser suspensas com o recebimento da inicial de embargos, em relação aos bens discutidos.
Processamento	Os embargos correrão em autos distintos, os quais não serão apensados aos do processo em que ocorreu a constrição judicial.
Liminar	– natureza: tutela antecipada específica; – requisitos: prova, ainda que em cognição superficial, da posse e da qualidade de terceiro; – audiência preliminar de justificação, se necessária; – citação do réu, feita na pessoa do seu advogado ou pessoalmente, se ele não tiver procurador constituído na ação principal, para contestar no prazo de quinze dias; – defesa: o réu poderá alegar todas as matérias que lhe pareça pertinente, mormente a extensão da responsabilidade patrimonial ao terceiro; – decorrido o prazo para contestação, observar-se-á o procedimento comum.

Capítulo VIII
DA OPOSIÇÃO

38 INTRODUÇÃO

No CPC de 1973, a oposição figurava entre as espécies de intervenção de terceiros. O Senado Federal chegou a excluí-la do projeto do CPC atual, mas ela foi reintroduzida na Câmara dos Deputados, não mais como espécie de intervenção de terceiros, mas como ação autônoma, tratada nos arts. 682 e s.

A oposição consiste em nova ação, que o terceiro ajuíza em face das partes originárias do processo. Pressupõe que o terceiro formule pretensão sobre o mesmo objeto já disputado entre as partes.

O terceiro deduz uma pretensão que coincide com aquela posta em juízo entre o autor e o réu da demanda originária. O terceiro pretende obter o mesmo bem ou vantagem que é nela disputado.

39 REQUISITOS

A oposição pressupõe a existência, em curso, de uma ação, na qual um bem ou interesse é disputado entre o autor e o réu. Ela cabe para que terceiro demonstre que o bem ou interesse não deve ser atribuído nem a um nem a outro, mas a ele, opoente. É manifesta a incompatibilidade entre os interesses do terceiro e das partes originárias, que se revela pela prejudicialidade da oposição em relação à ação principal: o acolhimento daquela implica o desacolhimento desta.

Haverá, por exemplo, oposição quando A estiver em juízo reivindicando um bem que está com B. Esse bem é o objeto litigioso. O terceiro que quiser ir a juízo para reclamá-lo para si, aduzindo que não pertence nem ao autor nem ao réu da ação originária, mas a ele, deverá fazer uso da oposição.

Para que tenha êxito, é preciso que ele afaste as pretensões de ambas as partes do processo principal. Por isso, elas devem obrigatoriamente figurar no polo passivo da oposição, em litisconsórcio necessário. No entanto, a pretensão do opoente em relação ao autor da ação principal é diferente daquela em relação ao réu. Ele pedirá que o juiz declare que o autor da ação principal não tem direito à tutela jurisdicional pretendida sobre o bem, e postulará que se conceda a ele, opoente, uma tutela sobre esse mesmo bem, que era objeto da ação principal.

A oposição não se confunde com os embargos de terceiro, ação em que terceiro postula ao juiz que faça cessar a constrição determinada no processo em que ele não é parte. Neles, não há incompatibilidade entre a pretensão do embargante e a das partes. O terceiro não disputa com elas o mesmo objeto litigioso, mas apenas busca fazer cessar uma constrição que, equivocadamente, recaiu sobre seu bem. Os embargos de terceiro não mantêm, por isso, relação de prejudicialidade com a ação originária, que poderá prosseguir, mesmo que eles sejam acolhidos.

A oposição pode ter por objeto, no todo ou em parte, a pretensão já posta em juízo. Por isso, deve manter com o processo principal uma relação de total ou parcial prejudicialidade.

40 PROCEDIMENTO

No CPC de 1973, existiam dois tipos de oposição, com procedimentos distintos: a interventiva e a autônoma. A adoção de uma ou de outra dependia apenas do momento em que ela era apresentada. A oposição pressupõe que exista ação em curso, na qual o réu já tenha sido citado, e só cabe até que haja a prolação de sentença, como estabelece expressamente o art. 682 do CPC. Seria interventiva a oposição quando apresentada antes da audiência de instrução, no processo principal, e autônoma, após o início da audiência, isto é, quando o processo principal já estivesse em fase mais avançada.

A diferença entre as duas formas de oposição era a seguinte: conquanto ela fosse sempre uma nova ação, se interventiva, não haveria um novo processo. A ação e a oposição correriam simultaneamente em um processo único, que seria julgado por uma única sentença. Já a oposição autônoma implicaria formação de um novo processo, distinto do anterior. Em suma, na interventiva, havia duas ações, mas um único processo; na autônoma, duas ações e dois processos.

O CPC atual pôs fim à duplicidade de procedimentos da oposição. Ela e a ação principal correrão sempre simultaneamente, e serão julgadas em conjunto. É o que se depreende da leitura do art. 685 e seus parágrafos, cuja redação não é das mais claras. Se a oposição for aforada antes do início da audiência de instrução e julgamento, ela tramitará simultaneamente à ação originária, sendo julgada pela mesma sentença. Haverá, portanto, uma única instrução e uma única sentença. Se aforada depois, haverá duas possibilidades: ou o juiz prossegue na audiência já iniciada na ação principal, concluindo-a e só então suspendendo o processo, caso em que não haverá unicidade de instrução, pois, oportunamente, será preciso realizar outra audiência da qual participe o opoente, que terá oportunidade de arrolar suas testemunhas; ou o juiz suspende o processo antes, para que a instrução possa ser conjunta, e realizar-se uma única vez, valendo para ambas as ações. No primeiro caso, haverá duas audiências, mas uma única sentença. No segundo caso, uma audiência e uma sentença. O que desaparece no CPC atual é a possibilidade, que havia no CPC anterior, de que a lide principal e a oposição fossem julgadas por sentenças diferentes, o que ocorria porque o processo da ação principal não podia ficar suspenso por mais de noventa dias, e às vezes o processo de oposição levava mais tempo para alcançar a mesma fase. O Código atual não limita o prazo de suspensão, que será o necessário para que a oposição, ainda que iniciada tardiamente, possa alcançar o mesmo estágio da ação principal, e o juiz sempre profira sentença conjunta.

O art. 686, ao dispor que, cabendo ao juiz proceder ao julgamento, simultaneamente, da ação originária e da oposição, desta conhecerá em primeiro lugar, pode dar a impressão de que ele teria a possibilidade de não fazer o julgamento simultâneo. Mas não parece ser essa a melhor interpretação, diante do que consta no art. 685. O art. 686 deve ser interpretado no sentido de que o julgamento é sempre simultâneo, cabendo ao juiz conhecer primeiro da oposição.

Seja apresentada antes ou depois do início da audiência de instrução, a oposição será distribuída por dependência e autuada em apenso. A inicial deve preencher os requisitos dos arts. 319 e 320 do CPC.

O juiz determinará a citação dos opostos, que são os autores e os réus da ação. Apesar do litisconsórcio, em que os procuradores serão diferentes, já que atuam em polos opostos na ação principal, o prazo de contestação é de quinze dias. Não se aplica o art. 229 do CPC por força da regra específica do art. 683, parágrafo único, que prevalece sobre a regra geral. Mas como tal dispositivo é específico para contestação (resposta do réu), o prazo dos opostos será em dobro para os demais atos.

41 PROCESSOS E PROCEDIMENTOS EM QUE CABE A OPOSIÇÃO

A oposição é própria do processo de conhecimento, porque só neste haverá um julgamento em favor de alguma das partes, que o opoente tentará impedir, procurando obter uma decisão favorável a si. Não cabe oposição em processo de execução.

Dentre os processos de conhecimento, só caberá oposição naqueles que sigam o procedimento comum, ou especial que se converta em comum após a citação.

Quadro sinótico – Da oposição

Conceito	Ação de conhecimento na qual um terceiro ingressa em juízo contra o autor e o réu de ação já em andamento, formulando uma pretensão sobre o mesmo objeto que já era disputado na ação originária.
Requisitos	– Que haja processo de conhecimento em andamento, entre a citação e a sentença; – Que o opoente formule pretensão sobre o mesmo objeto jurídico da lide originária, passando a disputá-lo com elas; – Que haja relação de prejudicialidade entre a oposição e o processo originário.
Procedimento	– Distribuição por dependência e autuação em apenso ao processo originário; – Litisconsórcio passivo do autor e do réu da ação originária; – Citação dos réus para contestação em quinze dias, não se aplicando o art. 229 do CPC; – Apresentada antes da audiência de instrução e julgamento, o processo originário será suspenso até que a oposição alcance a mesma fase. A partir daí terão processamento conjunto e serão julgados conjuntamente;

Procedimento	– Apresentada após a audiência de instrução e julgamento, o juiz pode concluí-la e só depois suspender o processo, caso em que, se necessária, realizará depois outra audiência na oposição; ou pode suspender a audiência, aguardando que a oposição alcance a mesma fase, realizando depois audiência conjunta. Em ambos os casos, o julgamento será conjunto.

Capítulo IX

DA HABILITAÇÃO

42 INTRODUÇÃO

O processo de habilitação tem por finalidade promover a sucessão do autor ou do réu que veio a falecer, no curso da relação processual. Evidente que, se a morte de qualquer das partes ocorreu antes do ajuizamento da ação, não haverá falar-se em habilitação, porque a demanda já terá de ser proposta por ou contra o espólio, os herdeiros ou os sucessores.

A morte de uma das partes é causa de suspensão automática do processo (CPC, art. 313, I), desde a data em que o óbito ocorreu, devendo o *de cujus* ser sucedido por seu espólio ou por seus herdeiros e sucessores.

Com a morte da parte, o que ocorre é sucessão, e não substituição processual, instituto distinto, que se verifica quando a lei autoriza que alguém defenda, em nome próprio, direito alheio. O espólio, os herdeiros ou os sucessores defendem direito próprio, porque, com a morte, a propriedade e a posse dos bens da herança lhes são transmitidas.

A sucessão de parte falecida pressupõe que a ação seja transmissível. Quando ela versa direito personalíssimo, que não se transmite aos herdeiros, a morte de uma das partes provoca a extinção do processo, sem resolução de mérito (CPC, art. 485, IX).

De acordo com o art. 110, "Ocorrendo a morte de qualquer das partes, dar-se-á a sucessão pelo seu espólio ou pelos seus sucessores, observado o disposto no art. 313, §§ 1º e 2º". Enquanto não houver a partilha dos bens, distribuindo-se os quinhões entre os vários herdeiros, o falecido será, em regra, sucedido pelo seu espólio.

Há algumas ações – de caráter não patrimonial –, no entanto, em que o morto não é sucedido pelo espólio, mas pelos herdeiros ou sucessores, ainda que não tenha havido a partilha de bens. P. ex., na ação de investigação de paternidade, quando houver a morte do réu, a sucessão será feita pelos herdeiros e sucessores, e não pelo espólio.

Uma interpretação sistemática dos arts. 313, § 2º, e 689, do CPC, leva à conclusão de que, havendo o falecimento de umas partes, será possível o ajuizamento da ação de habilitação, que deverá observar o procedimento dos arts. 690 e s. Para tanto, é preciso que a habilitação seja ajuizada, observada a legitimidade estabelecida no art. 688.

Não havendo o ajuizamento da ação de habilitação, o procedimento a ser observado é o do art. 313, § 2º, devendo o juiz, em caso de falecimento do réu, determinar a intimação do autor para que promova a citação do respectivo espólio, de que for o sucessor ou, se for o caso, dos herdeiros, no prazo que designar, de no mínimo dois e no máximo seis meses. Se o falecido for o autor, e o direito em litígio for transmissível, o juiz determinará a intimação do seu espólio, de quem for o sucessor ou, se for o caso, dos herdeiros, pelos meios de divulgação que reputar mais adequados, para que manifestem interesse na sucessão processual e promovam a respectiva habilitação no prazo designado, sob pena de extinção do processo sem resolução de mérito. Essas são as providências a serem tomadas pelo juiz, caso não haja iniciativa das partes, havendo o falecimento de uma delas.

A habilitação não formará um processo autônomo, mas será procedida nos autos do processo principal, na instância em que estiver, com a suspensão do processo. Ela pressupõe a existência de processo, ainda em andamento, no qual tenha falecido uma das partes. Como não há processo autônomo, o pronunciamento do juiz que a decidir terá natureza de decisão interlocutória, contra o qual será cabível agravo de instrumento, por aplicação analógica do art. 1.015, II, do CPC.

Mas se a habilitação for impugnada e houver necessidade de dilação probatória diversa da documental, formar-se-á um processo autônomo incidente, que deverá ser decidido por sentença.

43 PROCEDIMENTO

O art. 688 do Código de Processo Civil atribui legitimidade para requerer a habilitação à parte, em relação aos sucessores do falecido, e aos sucessores do falecido, em relação à parte. O juiz não pode, de ofício, dar início ao processo de habilitação, embora, não havendo habilitação, deva proceder na forma estabelecida no art. 313, § 2º.

A lei atribuiu essa dupla legitimidade porque tanto a parte contrária quanto os sucessores do falecido podem ter interesse em dar continuidade ao processo, regularizando o polo processual no qual figurava o *de cujus*.

O requerimento deve vir acompanhado dos documentos que comprovem a qualidade de herdeiros ou sucessores dos habilitantes e será entranhado nos autos do processo em curso, no qual ocorreu o falecimento.

Quando a habilitação é requerida pela parte, os sucessores do falecido, que até então não integram a relação processual, precisarão ser pessoalmente citados. Requerida pelos sucessores, desnecessária a citação pessoal da parte, que já está representada nos autos principais. Caso a parte contrária não tenha advogado, a citação será pessoal.

O prazo para manifestação é de cinco dias, devendo-se obedecer ao disposto no art. 229 do CPC. Não havendo impugnação, o juiz decidirá a habilitação desde logo. Parece-nos que o seu pronunciamento será decisão interlocutória, e que o art. 692 só se aplica à hipótese de habilitação impugnada, que passa a ser processada em apartado. Contra essa decisão interlocutória, deverá ser admitido o agravo de instrumento, com fundamento no art. 1.015, II, do CPC. Não há como considerar irrecorrível em separado essa decisão, diante dos problemas que isso acarretaria ao processo. Se houver impugnação e necessidade de dilação probatória diversa da documental, o juiz determinará a autuação do incidente em apartado, com a produção das provas necessárias e decidirá o incidente por sentença, juntando-se cópia dela nos autos do processo principal.

Quando a causa já estiver no Tribunal, a habilitação será processada perante o relator e julgada conforme o disposto no regimento interno.

Em qualquer hipótese, enquanto não julgada a habilitação, o processo principal permanece suspenso.

Capítulo X

DAS AÇÕES DE FAMÍLIA

44 INTRODUÇÃO

Trata-se de ação introduzida pelo atual CPC, pois no anterior não havia um procedimento especial genérico, para as ações de família. As peculiaridades desse procedimento revelam uma particular preocupação do legislador em relação à solução consensual da controvérsia. Se ela já está presente no CPC de maneira geral, havendo norma fundamental a respeito (art. 3º, §§ 2º e 3º), nas ações de família é redobrada.

45 CABIMENTO

O procedimento especial das ações de família, previsto nos arts. 693 e s. do CPC, aplica-se aos processos contenciosos de divórcio, separação, reconhecimento e extinção de união estável, guarda, visitação e filiação. Não se aplica aos procedimentos de jurisdição voluntária de divórcio e separação consensuais, extinção consensual de união estável e alteração do regime de bens de patrimônio, que são regulados pelos arts. 731 a 734 do CPC.

O CPC manteve a ação de separação judicial, tanto sob a forma contenciosa quanto sob a forma consensual (arts. 693 e 731), afastando as dúvidas que havia a respeito, desde a edição da Emenda Constitucional n. 66/2010, que autorizou o divórcio direto sem prévia separação de fato.

O procedimento especial previsto nos arts. 693 e s. não se aplica às ações de alimentos, pois estas continuam reguladas pela Lei n. 5.478/68, que prevalece sobre as normas do CPC, aplicáveis apenas subsidiariamente. Mas a lei especial só se aplica às ações de alimentos em que há prova pré-constituída da obrigação alimentar, isto é, prova prévia do parentesco, do casamento ou da união estável. Apenas o filho reconhecido pelo pai poderá valer-se do procedimento especial da Lei n. 5.478/68, que prevê a concessão liminar de alimentos provisórios. Se o filho não está reconhecido, o procedimento não poderá ser o da lei de alimentos, caso em que deverá ser observado o procedimento dos arts. 693 e s. (art. 693, parágrafo único).

Também não se aplica o procedimento especial dos arts. 693 e s. às ações que versarem sobre o interesse de criança e de adolescente, já que em relação a elas devem prevalecer as regras do Estatuto da Criança e do Adolescente, aplicando-se apenas supletivamente as normas deste Capítulo do CPC.

46 PROCEDIMENTO

São pequenas as diferenças em relação ao procedimento comum. O que há de especial no procedimento dessas ações é a recomendação de que todos os esforços sejam empreendidos para a solução consensual da controvérsia, devendo o juiz dispor do auxílio de profissionais de outras áreas de conhecimento para a mediação e conciliação. A requerimento das partes, o juiz pode determinar a suspensão do processo, enquanto se submetem a mediação extrajudicial ou a atendimento multidisciplinar.

Outra peculiaridade é que, designada audiência de conciliação e mediação, o réu será citado com antecedência de quinze dias (quando no procedimento comum a citação deverá ser feita com antecedência de vinte dias), mas o mandado virá desacompanhado de cópia da petição inicial, assegurado a ele o direito de examinar seu conteúdo a qualquer tempo. A ideia é que, sem o conhecimento do que consta na inicial, o réu possa comparecer com o espírito desarmado para a audiência, o que poderia facilitar a conciliação. De qualquer sorte, diante da necessidade de observância do contraditório, fica assegurado a ele o direito de, querendo, examinar o conteúdo da inicial a qualquer tempo, o que exigirá, se o processo não for eletrônico, que ele se desloque até o Ofício Judicial.

Realizada a audiência de mediação e conciliação sem que tenha havido acordo, o processo seguirá o procedimento comum, passando a fluir o prazo de contestação para o réu. A intervenção do Ministério

Público só será necessária quando houver interesse de incapaz. A circunstância única de a ação versar sobre direito de família não induz à intervenção ministerial, por si só.

Capítulo XI

DA ARBITRAGEM

47 INTRODUÇÃO

O compromisso arbitral era regulado pelos arts. 1.037 a 1.048 do Código Civil de 1916 e o juízo arbitral, pelos arts. 1.072 a 1.102 do Código de Processo Civil de 1973.

Todos esses dispositivos foram revogados pela Lei n. 9.307/96, que entrou em vigor no dia 23 de novembro de 1996, sessenta dias após a sua publicação, e que cuidou da arbitragem sob o aspecto material e processual. Essa lei sofreu importantes modificações com a edição da Lei n. 13.129, de 26 de maio de 2015, que autorizou a utilização da arbitragem pela administração pública direta e indireta, desde que versando sobre direitos patrimoniais disponíveis, e que regulamentou a concessão de tutela provisória nos procedimentos de arbitragem.

A arbitragem é um acordo de vontades, celebrado entre pessoas capazes que, preferindo não se submeter à decisão judicial, confiam a árbitros a solução de litígios, desde que relativos a direitos patrimoniais disponíveis.

Não se confunde com a transação, em que a solução do conflito de interesses é dada pelos próprios envolvidos, mediante concessões recíprocas. Na arbitragem, a solução é confiada a um terceiro, que não o Estado-juiz.

O art. 1º, *caput*, da Lei n. 9.307/96 restringe a arbitragem às pessoas, físicas ou jurídicas, capazes de contratar e aos litígios que versem direito patrimonial disponível, isto é, aqueles que podem ser objeto de transação entre os interessados. As questões que envolvam o estado e a capacidade das pessoas, os direitos da personalidade, alimentos e falência, terão de ser submetidas à jurisdição estatal. Também não se poderá empregar a arbitragem nas matérias que se submetam à jurisdição voluntária, que é administração e fiscalização pública de interesses privados. A Súmula 485 do Superior Tribunal de Justiça afastou eventuais dúvidas, autorizando a aplicação da lei aos contratos que contêm cláusula arbitral, ainda que celebrados antes da sua edição. O § 1º estende o uso da arbitragem às pessoas da administração pública direta ou indireta (art. 1º, § 1º), desde que em relação a conflitos que versem sobre interesses patrimoniais disponíveis.

Muito se tem discutido a respeito da constitucionalidade da arbitragem, que, para alguns, ofende o princípio da inafastabilidade do Judiciário e o do juiz natural. No entanto, a questão pacificou-se, já que o Pleno do Supremo Tribunal Federal decidiu pela constitucionalidade, ao examinar o RE 5.206-7.

O art. 5º, XXXV, da Constituição Federal dispõe que "a lei não excluirá da apreciação do Poder Judiciário lesão ou ameaça a direito" individual. Essa determinação não é ofendida pela arbitragem, porque os interessados não estão obrigados a utilizá-la. A lei não exclui a apreciação do Judiciário, mas faculta a possibilidade de submeter a decisão a um terceiro. Não se afasta, porém, a possibilidade de intervenção do Judiciário para apurar eventuais ilegalidades e abusos na utilização da arbitragem. O art. 33 da Lei n. 9.307/96 permite à parte interessada postular em juízo a decretação de nulidade da sentença arbitral, nos casos previstos em lei (art. 32).

Não há ofensa ao princípio do juiz natural, porque a arbitragem é estabelecida previamente à lide que poderá existir entre os interessados. Não se pode considerá-la, portanto, um juízo de exceção, pós-constituído com a finalidade de apreciar uma demanda específica.

Ao instituí-la, os interessados podem convencionar que ela seja de direito ou de equidade. Em ambos os casos, o árbitro poderá ser pessoa livremente escolhida pelas partes, que nela depositem sua confiança. Não há necessidade de que ele seja advogado ou pessoa versada em Direito. A arbitragem que envolva a administração pública direta ou indireta será sempre de direito, não havendo a possibilidade de os interessados optarem pela de equidade. Além disso, deverá ser observado o princípio da publicidade.

Quando de direito, a arbitragem deve solucionar o litígio com base nas normas legais, não se admitindo julgamento contrário à lei.

Quando de equidade, o árbitro buscará a solução que seja mais justa, ainda que ela contrarie as normas de direito.

Na ausência de indicação, presume-se que foi escolhida a arbitragem de direito. Podem as partes escolher, livremente, as normas de direito que deverão ser aplicadas, desde que não haja violação aos bons costumes e à ordem pública.

Podem ainda convencionar a utilização, pelo árbitro, dos princípios gerais do direito, usos e costumes e as regras internacionais do comércio (Lei n. 9.307/96, art. 2º, § 2º).

Em qualquer hipótese, a arbitragem será sempre considerada um meio extintivo das obrigações. O Código Civil a considerou como tal, e a nova lei não modificou a sua natureza jurídica.

48 DA CONVENÇÃO DA ARBITRAGEM E SEUS EFEITOS

Duas são as maneiras pelas quais as partes interessadas podem instituir o juízo arbitral: a cláusula compromissória e o compromisso arbitral.

A cláusula compromissória é o pacto pelo qual as partes comprometem-se a submeter à arbitragem os litígios que possam vir a surgir relativamente a determinado contrato. É um acordo pelo qual as partes obrigam-se a, configurado o litígio, buscar a solução instituindo a arbitragem. Há promessa recíproca de que, surgindo o conflito, será instituído o compromisso arbitral para a solução.

O que a caracteriza é que, no momento da sua instituição, o litígio ainda não se configurou. Mas os contratantes, vislumbrando a possibilidade de, no curso do contrato, surgirem conflitos de interesses, desde logo convencionam que eles serão solucionados pelo árbitro.

Já o compromisso arbitral é o pacto pelo qual as partes submetem à arbitragem determinado litígio. Aqui, o conflito de interesses já se manifestou, e as partes convencionam que a solução seja dada pelo árbitro.

A cláusula compromissória surge *pari passo* com o contrato, embora guarde autonomia em relação a ele, de sorte que a nulidade de um não contamina, necessariamente, o outro. Deve ser obedecida a forma escrita, mas não se exige que ela esteja inserta no contrato, podendo vir pactuada em documento apartado.

Nos contratos de adesão, em virtude da fragilidade do aderente, a cláusula compromissória só valerá se instituída por iniciativa dele, ou se ele concordar, expressamente, com a sua instituição, "desde que por escrito em documento anexo ou em negrito, com a assinatura ou o visto especialmente para essa cláusula" (Lei n. 9.307/96, art. 4º, § 2º).

Continua em vigor, porém, o art. 51, VII, da Lei n. 8.078/90 que veda a adoção de cláusula compromissória nos contratos de consumo.

Quando não houver consenso entre as partes sobre a forma pela qual será instituída a arbitragem – não se pode esquecer que a cláusula é convenção para que o compromisso seja oportunamente estabelecido –, o procedimento será o dos arts. 6º e 7º da Lei.

Aquele que quiser dar início à arbitragem manifestará sua intenção à parte contrária, por via postal ou qualquer outro meio de comunicação, mediante comprovação de recebimento, convocando-a para, em dia, hora e local determinados, firmar o compromisso. O não comparecimento ou a recusa do outro contratante autorizará a parte interessada a ingressar em juízo, requerendo a citação da outra parte para comparecer à audiência, que o juiz designará especialmente para que seja lavrado o compromisso.

Nessa audiência, o juiz primeiro tentará o acordo entre as partes para pôr fim ao litígio. Se não for possível, buscará conduzir as partes à celebração do compromisso.

Frustrada a solução consensual, o juiz, na própria audiência ou em dez dias, decidirá, após ouvir o réu, sobre o conteúdo do compromisso arbitral, observando o disposto na cláusula compromissória e nos arts. 10 e 21, § 2º, da Lei. Na sentença, o juiz decidirá sobre o árbitro, se as partes já não o tiverem nomeado no compromisso.

A ausência injustificada do autor na audiência inicial implicará a extinção do processo. Já a sentença que acolher o pedido valerá como compromisso arbitral, podendo ser impugnada por apelação, recebida apenas no efeito devolutivo (CPC, art. 1.012, IV).

Como já se salientou, a cláusula compromissória é um pacto pelo qual os interessados comprometem-se a, havendo litígio, instituir o compromisso arbitral.

Quando o litígio já existe e as partes quiserem atribuir a um árbitro a decisão, desde logo será instituído o compromisso arbitral, que poderá ser judicial ou extrajudicial. O primeiro pressupõe demanda em curso e é celebrado por termo nos autos, perante o juízo ou Tribunal onde ela corre. O segundo será celebrado por instrumento público ou particular firmado por duas testemunhas. O art. 10 contém aquilo que deve constar obrigatoriamente do compromisso; o art. 11, aquilo que ele pode conter.

Quando há convenção de arbitragem e uma das partes recorre ao Judiciário, a outra deverá arguir a sua existência como preliminar em contestação (art. 337, IX). A falta de alegação impedirá que o juiz a conheça de ofício. A existência de convenção de arbitragem constitui, portanto, exceção processual em sentido estrito, não podendo ser conhecida senão depois de alegada pelo interessado (CPC, art. 337, § 5º).

49 OS ÁRBITROS

Qualquer pessoa capaz que goze da confiança dos interessados poderá funcionar como árbitro. As próprias partes farão a nomeação de um ou mais, sempre em número ímpar, ou indicarão o processo de escolha. Caso o número seja par, eles estarão autorizados a nomear mais um. Quando houver pluralidade de árbitros, eles escolherão entre si o presidente do Tribunal arbitral, que será o mais velho se não houver consenso.

As causas de suspeição e impedimento dos juízes aplicam-se a eles, sendo vedada a sua atuação nos litígios em que elas se verificarem. O procedimento para a recusa fundada em impedimento ou suspeição vem previsto nos arts. 14 e 15 da Lei. Está previsto também o procedimento para a substituição do árbitro, caso ele se escuse de aceitar a nomeação ou venha a falecer (art. 16).

A sentença proferida pelo árbitro vale como título executivo judicial e põe fim ao litígio, não ficando sujeita a recurso ou homologação pelo Poder Judiciário.

50 O PROCEDIMENTO ARBITRAL

Desde o instante em que o árbitro aceita a nomeação, está instituída a arbitragem. Será observado o procedimento estabelecido na convenção, pelas próprias partes. No entanto, elas poderão delegar ao árbitro a faculdade de regular o procedimento.

Se não houver estipulação a respeito, caberá ao árbitro ou Tribunal arbitral disciplinar o procedimento, respeitados os princípios do contraditório, da igualdade das partes, da imparcialidade do árbitro e do seu livre convencimento, observando a natureza que foi atribuída à arbitragem, se de direito ou equidade.

A instituição da arbitragem interrompe a prescrição, retroagindo à data do requerimento de sua instauração, ainda que seja extinta a arbitragem por ausência de jurisdição.

Não há necessidade de que as partes constituam advogado para representá-las. Nada impede, porém, que elas o façam, se assim desejarem.

Qualquer das partes que pretender arguir incompetência, suspeição ou impedimento do árbitro, ou nulidade, invalidade ou ineficácia do compromisso, deverá fazê-lo na primeira oportunidade que tiver de manifestar-se, após a instituição da arbitragem.

O árbitro poderá colher o depoimento pessoal das partes, ouvir testemunhas e determinar a realização de perícia, a requerimento das partes ou de ofício. Atribui-se, portanto, a ele os mesmos poderes instrutórios que tem o juiz no procedimento jurisdicional (CPC, art. 370).

Caso seja necessário ouvir testemunhas, o árbitro poderá requerer à autoridade judiciária que, em caso de resistência, a conduza à audiência previamente designada. O mesmo vale para medidas coercitivas ou cautelares de que necessite o árbitro. Se a arbitragem já tiver sido instituída, a tutela cautelar ou de urgência deverá ser requerida ao próprio árbitro. Mas o art. 22-A da Lei n. 9.307/96, com a redação dada pela Lei n. 13.129/2015, permite a concessão de tutela cautelar ou de urgência antes mesmo da instituição da arbitragem, caso em que ela será requerida ao Poder Judiciário. Deferida e efetivada a medida, correrá o prazo de trinta dias para que seja requerida a instituição da arbitragem. O prazo corre da efetivação da decisão, e a não observância implicará a cessação de sua eficácia. Instituída a arbitragem, eventual alteração, modificação ou manutenção da medida deve ser determinada pelo árbitro.

Para o cumprimento dos atos por ele determinados, o árbitro poderá solicitar o auxílio do Poder Judiciário, com a expedição de carta arbitral.

A arbitragem encerra-se com a prolação de uma sentença, tomada por maioria quando forem vários os árbitros. Caso haja empate, prevalecerá o voto do presidente do Tribunal arbitral.

A sentença será proferida no prazo estabelecido na convenção ou, não havendo prazo fixado, em seis meses, e deverá conter os requisitos do art. 26 da lei, decidindo ainda acerca das custas e despesas com a arbitragem.

As partes são intimadas do teor da decisão por via postal, ou qualquer outro meio de comunicação, com aviso de recebimento, passando a correr o prazo de cinco dias, salvo se outro for acordado pelas partes, para solicitar aos árbitros que corrijam erro material ou esclareçam dúvida, obscuridade ou contradição, ou pronunciem-se sobre ponto que foi omitido.

Como já ressaltado, a sentença arbitral não está sujeita a recurso nem depende de homologação judicial, produzindo entre as partes o mesmo efeito que produziria a sentença judicial. Caso seja condenatória, valerá como título executivo judicial.

Embora contra ela não caiba recurso, a parte interessada pode procurar o Judiciário, não para que reveja a sentença arbitral, mas para que verifique se foram preenchidos os requisitos para sua validade e eficácia. Não pode o Judiciário modificar a decisão do árbitro, mas pode declarar-lhe a nulidade nas hipóteses do art. 32 da Lei, quando: "I – for nula a convenção de arbitragem; II – emanou de quem não podia ser árbitro; III – não contiver os requisitos do art. 26 desta Lei; IV – for proferida fora dos limites da convenção de arbitragem; [...] VI – comprovado que foi proferida por prevaricação, concussão ou corrupção passiva; VII – proferida fora do prazo, respeitado o disposto no art. 12, III, desta Lei; e VIII – forem desrespeitados os princípios de que trata o art. 21, § 2º, da Lei". Esse rol é taxativo, e o inciso V ("Não decidir todo o litígio submetido à arbitragem") foi revogado pela Lei n. 13.129/2015.

O procedimento da ação de nulidade será o comum, e o prazo para a propositura será de até noventa dias após o recebimento da notificação da sentença arbitral.

A execução da sentença arbitral será sempre judicial, valendo ela como título executivo judicial. A execução far-se-á na forma dos arts. 513 e s., ressalvando-se a necessidade de citação do executado, já que haverá a formação de processo autônomo de execução, necessário em face da ausência de processo cognitivo anterior (art. 515, § 1º). Eventual nulidade da arbitragem poderá ser arguida pelo executado, em impugnação, na forma do art. 525 do CPC.

Quadro sinótico – Arbitragem – Previsão legal: Lei n. 9.307/96

Conceito	A arbitragem é um acordo de vontades, celebrado entre pessoas (naturais ou jurídicas) capazes que, preferindo não se submeter à decisão judicial, confiam aos árbitros a solução de litígios, desde que relativos a direitos patrimoniais disponíveis. Portanto, a solução do conflito é confiada a um terceiro, e não ao Estado-juiz. Pode, ainda, envolver a administração pública direta ou indireta, desde que verse interesse disponível.
Natureza jurídica	Meio extintivo de obrigações.
Direitos que não podem ser submetidos à arbitragem	Questões que envolvam o estado e a capacidade das pessoas, direitos da personalidade, alimentos, falência e matérias que se submetem à jurisdição voluntária.
Polêmica sobre a constitucionalidade	O STF já se posicionou no sentido de que a Lei 9.307/96 é constitucional.
Princípio da inafastabilidade da jurisdição	Não é violado pela arbitragem, porque as partes não estão obrigadas a utilizá-la. A lei não exclui a apreciação do Judiciário, mas faculta a possibilidade de submeter a decisão a um terceiro.
Intervenção do Judiciário	É permitida para apurar eventuais ilegalidades ou abusos na arbitragem. É facultado à parte requerer em juízo a decretação da nulidade da sentença arbitral nos casos previstos no art. 32.
Princípio do juiz natural	Também não há ofensa a tal princípio, porque a arbitragem é estabelecida previamente à lide que poderá existir entre os interessados.

Quadro sinótico

Espécies: arbitragem de direito ou arbitragem de equidade
– Arbitragem de direito: deve solucionar os litígios com base nas normas legais, não se admitindo julgamento contrário à lei; – Arbitragem de equidade: o árbitro buscará a solução que seja mais justa, ainda que ela contrarie as normas de direito; – *Ausência de indicação*: presume-se escolhida a arbitragem de direito. A arbitragem envolvendo a administração pública será sempre de direito.

Da convenção de arbitragem e seus efeitos

– Formas de instituição do juízo arbitral: cláusula compromissória e compromisso arbitral.

	Cláusula compromissória	Compromisso arbitral
Conceito	É o pacto pelo qual as partes comprometem-se a submeter à arbitragem os litígios que possam vir a surgir relativamente a determinado contrato.	É o pacto pelo qual as partes submetem à arbitragem determinado litígio.
Características	No momento da sua instituição, o litígio ainda não se configurou; Guarda autonomia em relação ao contrato; Deve ser estabelecida pela forma escrita, mas não necessariamente inserta no contrato.	O conflito de interesses já se manifestou, e as partes convencionam que a solução seja dada por um árbitro.
Requisitos	–	Art. 10: obrigatórios; Art. 11: facultativos.
Espécies	–	Judicial: pressupõe demanda em curso e é celebrado por termo nos autos, perante o Juízo ou Tribunal onde corre a demanda. Extrajudicial: será celebrado por instrumento público ou particular firmado por duas testemunhas.

Árbitros

– Legitimidade: qualquer pessoa capaz que goze da confiança dos interessados.

– Nomeação: as partes nomearão um ou mais de um, sempre em número ímpar, ou indicarão o processo de escolha. Caso o número seja par, eles estarão autorizados a nomear mais um.
– Pluralidade de árbitros: escolherão entre eles o presidente do Tribunal arbitral, que será o mais velho, se não houver consenso.

O procedimento arbitral

– O procedimento pode vir estabelecido em convenção, pelas próprias partes, ou elas poderão delegar ao árbitro a faculdade de regulá-lo. Se não houver estipulação a respeito, caberá ao árbitro ou

Tribunal arbitral disciplinar o procedimento, respeitados os princípios do contraditório, da igualdade das partes, da imparcialidade do árbitro e do seu livre convencimento.
– Advogado: não há necessidade de que as partes constituam advogado para representá-las, porém nada impede que o façam, se assim o desejarem.
– Poderes instrutórios do árbitro: são os mesmos do juiz estatal.
– Sentença: encerra a arbitragem e será tomada por maioria de votos, quando forem vários árbitros. Havendo empate, prevalecerá o voto do presidente do Tribunal arbitral.
– Prazo: deverá obedecer ao prazo estabelecido na convenção, ou não havendo sido fixado, será de seis meses.

Capítulo XII

DA AÇÃO MONITÓRIA

51 INTRODUÇÃO

A ação monitória foi introduzida no Direito brasileiro pela Lei n. 9.079/95, que acrescentou ao Código de Processo Civil de 1973 os arts. 1.102a, 1.102b e 1.102c. Essa Lei foi publicada em 17 de setembro de 1995 e entrou em vigor sessenta dias depois. O CPC atual não apenas manteve a ação monitória, mas ampliou as suas hipóteses de cabimento.

A doutrina distingue entre o procedimento monitório puro e o documental. Para o primeiro, não é necessária a prova escrita do débito, bastando a alegação do credor. Já o segundo exige documento escrito, como prova da dívida.

O legislador brasileiro optou pelo monitório documental, exigindo que a ação esteja fundada em prova escrita, sem eficácia de título executivo.

A ação monitória é mais um instrumento processual de que pode utilizar-se o credor de quantia certa, ou de obrigação de entrega de coisa fungível ou infungível, de bem móvel ou imóvel, ou de obrigação de fazer ou não fazer, que possua documento escrito sem força executiva, para exigir o adimplemento da obrigação.

A monitória não é ação de execução, mas de conhecimento, destinada a produzir mais rapidamente um título executivo, caso o devedor não ofereça resistência.

O credor que tenha documento escrito comprovando a dívida não está obrigado a utilizar a ação monitória, podendo valer-se das ações tradicionais de conhecimento, como a cobrança, pelo procedimento comum.

A vantagem da ação monitória é que, não havendo oposição do devedor, chega-se com maior presteza à execução.

52 NATUREZA

É tema dos mais controvertidos, tanto na doutrina quanto na jurisprudência. É possível classificar as diversas opiniões em duas principais: para uns, a monitória é um novo tipo de processo, que não se encaixa nem como de conhecimento nem de execução. Para outros, é apenas um novo tipo de procedimento especial.

Para os primeiros, que se fundam na lição de Carnelutti, há um verdadeiro processo monitório, que não se encaixa em nenhuma das espécies de processos tradicionais. Seria uma nova espécie, intermediária entre o processo de conhecimento e o de execução. Ela começa como processo de conhecimento, mas não havendo resistência, sem sentença, passa para a fase de execução. Ela conteria, em seu bojo, as duas fases. Para os que sustentam esse entendimento, os embargos teriam a natureza de nova ação, de conhecimento, utilizada pelo devedor para defender-se, tal como os embargos de devedor, nas execuções por título extrajudicial.

Não nos parece que a monitória constitua um *tertium genus*, uma nova espécie de processo. A ideia de que contém uma fase de conhecimento e outra de execução não é bastante para justificar essa conclusão, uma vez que, desde a edição da Lei n. 11.232/2005, em todos os processos em que há sentença condenatória, haverá mesmo duas fases: a de conhecimento e a de execução, formando o "processo sincrético".

O que há de particular é que a passagem de uma fase à outra prescindirá de sentença, se não houver resistência do réu.

Parece-nos mais razoável considerar que há um procedimento monitório, e não um processo monitório. A desnecessidade de sentença, quando inexiste resistência do réu, diz respeito à estrutura do procedimento. Tanto que, se ela for oferecida, o procedimento será o comum e se concluirá com uma sentença. E, mesmo não oferecida, haverá a constituição de um título executivo judicial, tal como ocorreria em uma ação condenatória comum, com a diferença de que esse título não será a sentença.

Enfim, a ação monitória é uma ação de conhecimento, de procedimento especial, porque, não havendo resistência do réu, constitui-se de pleno direito o título executivo judicial e passa-se à fase de execução, sem sentença. O que há de peculiar nesse tipo de processo de conhecimento, de natureza condenatória, é que o credor pode obter mais rapidamente o título executivo judicial quando o réu não resistir à pretensão inicial.

A natureza que se atribua à monitória repercute sobre a dos embargos que o devedor apresenta, quando quer resistir à pretensão inicial: para aqueles que sustentam que se trata apenas de um processo de conhecimento de procedimento especial, os embargos não teriam natureza de ação autônoma de defesa, mas de verdadeira resposta, contestação do réu.

53 REQUISITOS

São quatro os requisitos essenciais para a utilização do procedimento monitório: que o credor tenha prova documental escrita da obrigação; que esse documento não tenha eficácia executiva; e que se objetive receber pagamento, entrega de coisa fungível ou infungível, bem móvel ou imóvel ou o cumprimento de obrigação de fazer ou não fazer e que o devedor seja capaz.

Prova escrita é todo documento idôneo, merecedor de fé, que sirva para demonstrar a existência de uma obrigação. O documento pode ter sido emitido pelo próprio devedor, pelo credor ou por terceiro. Assim, um cheque prescrito (Súmula 299 do STJ), uma confissão de dívida não firmada por duas testemunhas, ou uma carta escrita pelo devedor em que reconhece a sua qualidade, uma duplicata sem o comprovante de entrega da mercadoria, um orçamento elaborado pelo credor com a concordância escrita do devedor, o contrato de abertura de crédito, firmado por duas testemunhas e acompanhado dos extratos (Súmula 233 do STJ) podem ser utilizados como prova de uma obrigação firmada entre as partes. O prazo para ajuizamento da ação monitória fundada em cheque prescrito e em nota promissória prescrita é de cinco anos, nos termos das Súmulas 503 e 504 do STJ, contando-se o prazo, no caso do cheque, do dia seguinte à data da emissão, e, no caso da promissória, do dia seguinte ao do vencimento do título. Não há necessidade de indicação da causa de emissão do título, como resulta da Súmula 531 do STJ: "Em ação monitória fundada em cheque prescrito, ajuizada contra o emitente, é dispensável a menção ao negócio jurídico subjacente à emissão da cártula".

O art. 700, § 1º, do CPC estende o conceito de prova escrita, para fins de ação monitória, à prova oral colhida antecipadamente, na forma do art. 381.

O documento há de ser tal, que permita ao juiz, em cognição sumária, e sem ouvir a parte contrária, concluir pela plausibilidade ou verossimilhança do direito do credor. Não se pode admitir como documento escrito aquele que não serve como começo de prova, como indício da existência do débito. Assim, não pode o credor valer-se da ação monitória com fundamento em carta que ele próprio emitiu, exigindo do devedor o pagamento da dívida, sem que este manifestasse qualquer sinal de assentimento. Do contrário, estaria aberta a possibilidade de o credor produzir, sem qualquer lastro, documento escrito com a finalidade precípua de valer-se do procedimento especial.

O contrato escrito em que o devedor assume obrigação pode valer como prova documental. No entanto, se o contrato for bilateral e contiver obrigações recíprocas, para valer-se do monitório, o credor deve trazê-lo com o comprovante escrito de que cumpriu a sua parte na avença, pois nenhum contratante pode exigir a prestação do outro antes de ter cumprido a sua.

Os documentos escritos terão de ser juntados no original ou em cópia autenticada.

Para a prolação da decisão de recebimento da ação, a inicial já deve estar instruída com documento que se preste como prova escrita do débito.

Faltaria, em princípio, interesse de agir ao credor que propusesse a monitória munido de título executivo. Afinal, ela permitiria a ele obter mais rapidamente o título; se ele já o tem, deveria promover a execução. O Superior Tribunal de Justiça, porém, já vinha decidindo que o credor, ainda que munido de título executivo extrajudicial, poderia valer-se da monitória para obter título judicial, como se vê do acórdão proferido no REsp 1.079.338, de 15 de março de 2010. Diante dos termos do art. 785 do CPC, essa solução deverá prevalecer. Assim, embora a monitória caiba, em princípio, para quem tenha documento escrito sem eficácia executiva, o credor munido de título executivo extrajudicial poderá também, preenchidos os demais requisitos, valer-se dessa ação, para obter título judicial.

Por títulos executivos se entendem aqueles previstos em lei como tal, em rol *numerus clausus*. O CPC enumera, nos arts. 515 e 784, quais são os títulos executivos judiciais e os extrajudiciais, podendo haver ainda outros criados por leis especiais.

Somente três pedidos podem ser veiculados: o de pagamento de certa quantia em dinheiro, os de entrega de coisa fungível ou infungível ou de bem móvel ou imóvel e o de cumprimento de obrigação de fazer ou não fazer. Como a sua finalidade é promover a constituição de título executivo, a pretensão é sempre condenatória, jamais declaratória ou constitutiva, já que a essas não segue nenhuma execução.

Entre os requisitos da ação monitória está ainda o de que ela só pode ser dirigida contra o devedor capaz (art. 700, *caput*). Trata-se de exigência que não havia na legislação anterior, estabelecida para a proteção dos incapazes, dada a aptidão da ação monitória em converter-se, de pleno direito, em execução (cumprimento de sentença) quando não há o pagamento nem os embargos. Cabe à lei civil definir as hipóteses de incapacidade das pessoas naturais.

54 PROCEDIMENTO

O legitimado ativo é o credor; o passivo, o devedor.

Muito se discutiu sobre a possibilidade de a Fazenda Pública figurar no polo passivo da ação. Para boa parte da doutrina, não caberia ação monitória para exigir dela pagamento de determinada quantia, pois o devedor é citado para pagar no prazo de quinze dias, o que desrespeitaria a sistemática dos precatórios. No entanto, só se fala em precatório para execução de sentença, e o pagamento na monitória é satisfação voluntária da obrigação. A Fazenda efetua, ordinariamente, o pagamento de seus débitos. Só quando não o faz e é condenada, faz uso do precatório. Na monitória, a Fazenda, citada, pode pagar. Mas, se não o fizer, na fase de cumprimento de sentença, deverão ser obedecidas as regras do art. 534 e seguintes do Código de Processo Civil.

Não se vislumbra nenhum óbice à utilização de ação monitória para exigir da Fazenda Pública o pagamento de soma em dinheiro, a entrega de coisa fungível ou infungível ou bem móvel ou imóvel ou o cumprimento de obrigação de fazer ou não fazer. O argumento de que a Fazenda Pública não poderia efetuar o pagamento voluntário, diante da necessidade de observar a ordem de precatórios, não convence, porque tal pagamento constitui satisfação voluntária da dívida. A fazenda não pode ser compelida a, sob pena da penhora, efetuar o pagamento, que deve ser requisitado por meio dos precatórios. Mas pode pagar voluntariamente, e é isso o que ocorrerá se ela atender ao mandado monitório. A questão pacificou-se com a edição da Súmula 339 do STJ, que autoriza a ação monitória contra a Fazenda Pública, o que se tornou expresso no art. 700, § 6º, do CPC. Na monitória contra a Fazenda Pública, não havendo embargos deverá ser feita a remessa necessária, nos termos do art. 496 do CPC.

A petição inicial deve obedecer aos requisitos dos arts. 319 e 320, ambos do Código de Processo Civil, vindo acompanhada da prova escrita do débito. A competência é determinada de acordo com as regras gerais do Código, sem particularidades. Expostos os fundamentos de fato e de direito, ele postulará a expedição de mandado de pagamento, ou de entrega de coisa fungível ou infungível, bem móvel ou imóvel, ou para execução de obrigação de fazer ou não fazer. Além disso, ele indicará, conforme o caso, a importância devida, instruindo-a com memória de cálculo, ou com o valor atual da coisa reclamada ou o conteúdo patrimonial em discussão, ou, ainda, com o proveito econômico perseguido (art. 700, § 2º).

O valor da causa corresponderá ao da dívida corrigida, com os juros vencidos até o ajuizamento da ação ou ao valor do bem ou da obrigação.

54.1. A DECISÃO INICIAL

Quando a petição inicial não estiver em termos, o juiz determinará que seja emendada no prazo de quinze dias, corrigindo-se as imperfeições.

Não sendo possível sanar os vícios, ou desobedecendo o autor a determinação judicial para emendá-la, a petição inicial será indeferida, podendo o autor interpor apelação no prazo de quinze dias.

Estando a petição inicial devidamente instruída, o juiz proferirá uma decisão, deferindo de plano a expedição do mandado de pagamento ou de entrega da coisa ou de execução de obrigação de fazer ou não fazer no prazo de quinze dias (CPC, art. 701).

Deve o juiz ser muito cuidadoso ao proferir essa decisão. É necessário que ela esteja fundamentada, como manda o art. 93, IX, da Constituição Federal, sob pena de nulidade. Porém, não deve o magistrado, ainda, fazer qualquer juízo de valor sobre o direito do autor a receber o pagamento ou a coisa. A decisão deve limitar-se a apreciar se estão ou não presentes os pressupostos para que a monitória seja processada, ou seja, se há prova escrita não dotada de força executiva. Não basta, portanto, que seja determinada a expedição do mandado monitório e a citação do réu, devendo o juiz justificar por que está deferindo o processamento da ação.

Embora a lei não diga, ao determinar a expedição do mandado, o juiz deve também mandar citar o réu. Caso ele não seja localizado ou se oculte, a citação será feita por edital ou com hora certa, pois se admite que a citação seja ficta na ação monitória (Súmula 282 do STJ).

Apesar do conteúdo decisório do ato judicial que manda processar a monitória, não é possível impugná-la por agravo de instrumento, por faltar ao réu interesse em fazê-lo. Afinal, a lei prevê o procedimento adequado para ele contrariar o pedido do autor e apresentar a sua defesa. Como a decisão inicial do juiz é proferida antes que o réu tenha sido citado, nada impede que ele, no momento oportuno, demonstre ao juiz que não estavam preenchidos os requisitos para o processamento da ação, tendo o autor, p. ex., escolhido a via inadequada.

O juiz, então, poderá reapreciar os pressupostos, e, apesar de ter admitido anteriormente o seu preenchimento, poderá rever sua decisão, e extinguir, sem resolução de mérito, o processo.

A natureza jurídica dessa decisão liminar variará conforme as diversas atitudes que o réu tomar, a partir do momento em que for citado. Se o réu cumprir o mandado e pagar o que lhe está sendo exigido, entregar a coisa ou executar a obrigação no prazo de quinze dias (art. 701 do CPC), a determinação inicial será mera decisão interlocutória. Também será decisão se o réu opuser oportunamente os embargos. Porém, se o réu não pagar, não entregar a coisa, não cumprir a obrigação nem se defender, o mandado monitório converte-se em mandado executivo, e a decisão inicial ganha eficácia de sentença, com força de coisa julgada material, passando a valer como título executivo judicial.

O título que embasa a execução posterior à ação monitória não impugnada não é o documento escrito, mas a decisão judicial que deferiu o processamento da monitória, e que ganhou eficácia de sentença, título judicial, cabendo contra ela até mesmo ação rescisória (art. 701, § 3º).

Por isso, ao proferir a decisão inicial, o juiz ainda não tem como saber qual a natureza jurídica do ato que está praticando, pois ela variará conforme a atitude que o réu tomar. Como essa decisão pode vir a ter força de sentença, o juiz deve cuidar de fundamentá-la adequadamente.

54.2. AS ATITUDES DO RÉU E SUAS CONSEQUÊNCIAS

O réu poderá cumprir o mandado monitório, pagando, entregando a coisa, ou cumprindo a obrigação, no prazo de quinze dias. Essa conduta trará para ele a vantagem da isenção das custas, devendo pagar honorários advocatícios de 5% do valor atribuído à causa.

Feito o pagamento ou a entrega, o juiz proferirá uma sentença de extinção do processo, com resolução de mérito, porque a conduta do réu equivale a um verdadeiro reconhecimento jurídico do pedido. Na sentença, o juiz declarará o réu isento das custas.

Aplica-se à ação monitória o disposto no art. 916 do CPC, no que couber. Assim, no prazo de embargos, o devedor poderá, depositando 30% do valor do débito, efetuar o pagamento do restante em até seis parcelas, com correção monetária e juros de 1% ao mês.

Pode, ainda, o réu quedar-se inerte, descumprindo o mandado sem, no entanto, defender-se. Caso isso ocorra, constituir-se-á de pleno direito o título executivo judicial, convertendo-se o mandado inicial em mandado executivo.

O legislador foi expresso em determinar que a conversão seja feita de pleno direito. Isso quer dizer que o juiz não precisa declarar, seja por sentença, seja por decisão de qualquer natureza, que está constituído o título executivo e que prosseguirá sob a forma de execução. A conversão decorre de lei e dispensa manifestação judicial. O desrespeito a essa determinação poderá suprimir boa parte da utilidade da ação monitória.

A principal finalidade desse novo procedimento é permitir ao credor obter mais rapidamente um título executivo judicial, quando o devedor não opõe resistência. No procedimento comum, ainda quando o réu é revel, o juiz tem de proferir uma sentença, impugnável por meio de apelação. Em regra, somente depois do trânsito em julgado é que se poderá dar início à execução.

Com a monitória, se o réu não opõe resistência, ganha-se tempo, passando desde logo à fase executiva, sem que seja necessário proferir sentença. Evita-se, com isso, a apelação e as demoras a ela inerentes.

Se, na ação monitória, o juiz, ao constatar a falta de defesa do réu, tivesse de proferir uma sentença ou uma decisão qualquer, passíveis de recurso, convertendo o mandado inicial em título executivo, estaria perdida a vantagem do procedimento especial.

O mandado monitório é expedido, e o réu é citado para pagar, entregar a coisa ou executar a obrigação em quinze dias. Caso ele não faça nem uma coisa nem outra, e também não apresente defesa, o mandado inicial transforma-se em executivo, de imediato, passando-se de imediato à fase de cumprimento de sentença.

A última das três atitudes possíveis que o réu poderá tomar é a apresentação de defesa.

54.3. A RESPOSTA DO RÉU

O art. 702 faculta ao réu, no prazo de quinze dias, oferecer embargos, suspendendo a eficácia do mandado inicial. A redação do dispositivo dá a impressão de que a defesa do devedor é feita por meio de uma ação autônoma, de embargos, tal como ocorre no processo de execução. Haveria, portanto, uma ação incidental de embargos, no bojo da ação monitória. Essa opinião é sustentada, entre outros, por José Rogério Cruz e Tucci (*Ação monitória*, 1. ed., 2. t., Revista dos Tribunais, p. 63-4).

Parece-nos, no entanto, que não há razão para considerar os embargos como ação autônoma. Na verdade, eles constituem mera defesa do devedor, de natureza jurídica idêntica a uma verdadeira contestação.

O fato de o legislador ter mencionado embargos e não contestação não é suficiente para considerar essa defesa ação autônoma. Não é a primeira vez que o legislador se equivoca, chamando uma coisa pela outra. P. ex., no processo judicial de insolvência civil, o réu é citado para, no prazo de dez dias, opor embargos (art. 755 do CPC/1973, ainda em vigor por força do disposto no art. 1.052 do CPC/2015). No entanto, é quase unânime o entendimento de que não há ação, mas mera contestação, já que a fase inicial do procedimento de insolvência tem caráter cognitivo e não executório.

No processo de execução é justificável que a defesa seja veiculada por ação autônoma, tendo em vista que os atos nele praticados são atos executivos, de alteração da realidade fática, incompatíveis com os atos cognitivos que serão necessários para apreciação da defesa do devedor.

Mas essa incompatibilidade inexiste na monitória, que tem natureza de ação de conhecimento. Por isso, não há razão para o ajuizamento de uma ação incidente, no bojo da monitória, de idêntica natureza cognitiva.

Essa conclusão traz consequências relevantes. Os arts. 180, 183 e 229, que multiplicam os prazos de resposta quando as partes forem Ministério Público, Fazenda Pública ou litisconsortes com procuradores distintos, de escritórios diferentes, quando o processo não for eletrônico, são aplicáveis ao prazo dos embargos na monitória. Não o seriam se eles fossem considerados ação autônoma, e não mera resposta, como ocorre na execução.

Quando o réu for citado por edital ou com hora certa na ação monitória, o curador especial está obrigado a apresentar contestação, ainda que por negativa geral. Se, no entanto, os embargos fossem considerados ação autônoma, ele só poderia apresentá-los caso tivesse elementos apropriados, pois não há ação autônoma fundada em negação geral.

Como mera contestação, esses embargos independem de prévia segurança do juízo, e são opostos nos mesmos autos. Desde a sua apresentação, observar-se-á o procedimento comum.

Apresentados os embargos, o juiz, ao final, proferirá uma sentença, extinguindo o processo com ou sem resolução de mérito. Se julgar procedente a ação, condenará o réu ao pagamento da soma em dinheiro, ou à entrega da coisa ou ao cumprimento da obrigação de fazer ou não fazer. Como o juiz não julga os embargos, mas a monitória propriamente, a sentença de procedência será condenatória, e não declaratória. Para os que entendem de forma diversa, haverá grande analogia entre seu julgamento e o dos embargos de devedor, no processo de execução.

Contra a sentença, caberá apelação, apenas no efeito devolutivo (CPC, art. 702, § 4º).

Pode ocorrer, porém, que o devedor os apresente, mas eles sejam intempestivos ou não preencham qualquer requisito necessário para o seu recebimento. Nesse caso, o juiz deve proferir uma decisão interlocutória, dando por não opostos os embargos. Ao fazê-lo, ele não deverá declarar constituído o título executivo judicial, pois isso será decorrência, de pleno direito, da falta de defesa.

A decisão judicial que considera não opostos os embargos é impugnável por agravo de instrumento (art. 1.015, II, por analogia). Como o seu resultado pode alterar a natureza jurídica da decisão inicial, que se converteu em título executivo judicial, a execução será provisória, até que o agravo seja julgado em definitivo.

Além de opor embargos, o devedor pode apresentar reconvenção, tal como ocorre com outras ações de rito especial, que passam a obedecer ao procedimento comum, após o prazo de resposta do réu (Súmula 292 do STJ).

Apresentada a defesa, a decisão inicial não ganha eficácia de sentença, valendo como interlocutória. Nesse caso, o título executivo judicial passará a ser a sentença que apreciar o pedido do autor e a defesa do réu oposta nos embargos.

Quadro sinótico – Ação monitória

Divisão doutrinária do procedimento	Monitória pura: não é necessária a prova escrita do débito, bastando a alegação do credor; Monitória documental: exige documento escrito, como prova da dívida; Opção adotada pela legislação brasileira: monitória documental.
Conceito	É mais um instrumento processual de que pode utilizar-se o credor de quantia certa, de coisa fungível ou infungível, de bem móvel ou imóvel ou de obrigação de fazer ou não fazer, que possua documento escrito sem força executiva, para exigir o pagamento ou entrega de coisa.
Natureza jurídica	Ação de conhecimento destinada a produzir mais rapidamente um título executivo, caso o devedor não ofereça resistência.
Facultatividade	O credor possui a faculdade de utilizar-se da ação monitória, podendo, se quiser, valer-se das vias tradicionais, como a ação de cobrança pelo procedimento comum.
Requisitos	– Prova escrita: é todo documento idôneo, merecedor de fé, que sirva para demonstrar a existência de uma obrigação de pagar, ou entregar coisa ou de fazer ou não fazer.

Requisitos	– Documento sem eficácia executiva; – Devedor capaz.
Legitimidade	– Legitimidade ativa: credor; – Legitimidade passiva: devedor, inclusive Fazenda Pública.
Decisão inicial	– Recebimento da inicial: estando a petição inicial devidamente instruída, o juiz a receberá e proferirá uma decisão, deferindo de plano o mandado de pagamento, entrega da coisa ou execução de obrigação de fazer ou não fazer, no prazo de quinze dias; Natureza jurídica da decisão: variará conforme as diversas atitudes que o réu tomar, a partir do momento em que for citado: *o réu cumpre o mandado e paga o que lhe está sendo exigido ou entrega a coisa/ o réu opõe oportunamente embargos: a determinação terá natureza de mera decisão interlocutória; *o réu não paga, não entrega a coisa nem se defende: o mandado monitório converter-se-á em mandado executivo, e a decisão inicial ganha eficácia de sentença, com forma de coisa julgada material, passando a valer como título executivo judicial.
As atitudes do réu e suas consequências	Três são as atitudes alternativas que o réu poderá tomar: 1ª) cumprir o mandado monitório, pagando, entregando a coisa ou cumprindo a obrigação em quinze dias, com honorários advocatícios de 5% do valor atribuído à causa; *o juiz extinguirá o processo com resolução do mérito e declarará o réu isento de custas. 2ª) quedar-se inerte, sem cumprir o mandado ou se defender; *constituir-se-á de pleno direito (em decorrência de lei) o título executivo judicial, convertendo-se o mandado inicial em mandado executivo, sem necessidade de sentença. *o mandado inicial adquire eficácia executiva, prosseguindo-se sob a forma de cumprimento de sentença. 3ª) apresentar defesa. A decisão inicial não ganha eficácia de sentença, valendo como interlocutória. Nesse caso, o título executivo judicial passará a ser a sentença que apreciar o pedido do autor e a defesa do réu.

54.4. O CUMPRIMENTO DE SENTENÇA

Quando não forem opostos os embargos, terá início desde logo o cumprimento de sentença. Quando apresentados, o processo seguirá o rito comum, e encerrar-se-á com a prolação de uma sentença, impugnável por apelação recebida apenas no efeito devolutivo.

A execução poderá ser por quantia, para entrega de coisa ou para o cumprimento de obrigação de fazer ou não fazer, de acordo com a obrigação contida no documento escrito. A execução observará o procedimento do cumprimento de sentença, de forma que a defesa do executado far-se-á por impugnação, e não por embargos.

Assim, a cognição na impugnação está restrita às matérias enumeradas no art. 525, § 1º, do Código de Processo Civil.

Alguns autores têm sustentado, sem razão, que esse limite só deve ser imposto quando o devedor apresentar defesa na monitória. Se ele, citado, não se defendeu, permitindo a conversão do mandado inicial em executivo de pleno direito, a cognição não estaria limitada à matéria do art. 525, § 1º, mas seria ampla. Não lhes assiste razão porque o réu teve, no processo de conhecimento, a oportunidade de defender-se. Se não o fez, não pode pretender, na impugnação, alegar matérias que deveriam ter sido alegadas na fase cognitiva.

Quadro sinótico

A resposta do réu	– Prazo: quinze dias; – Espécies: embargos, reconvenção. Embargos Efeito: suspendem a eficácia do mandado inicial. Embora a lei traga essas palavras, o que ocorre é que a eficácia do mandado só passa a existir se os embargos não forem apresentados. Ação autônoma – polêmica doutrinária: 1º entendimento: os embargos constituem uma ação autônoma, assim como ocorre no processo de execução. Haveria, portanto, uma ação incidental de embargos, no bojo da ação monitória; 2º entendimento (nosso entendimento): não há razão para considerar os embargos como ação autônoma, uma vez que constituem mera defesa do devedor, com natureza jurídica idêntica à da contestação. *independem de prévia segurança do juízo e são opostos nos mesmos autos; *desde a sua apresentação seguir-se-á o procedimento comum. Embargos intempestivos ou com falta de requisito para o seu recebimento: o juiz proferirá uma decisão interlocutória, dando por não opostos os embargos. A reconvenção poderá ser oposta nos embargos, desde que estes sejam interpostos.
A execução	– Momento: Não opostos embargos → terá início desde logo; Opostos embargos → terá início se forem de-sacolhidos, não tendo a apelação efeito suspensivo; – Execução fundada em título executivo judicial; – A defesa do executado far-se-á por impugnação, observadas as limitações do art. 525, § 1º.

Capítulo XIII

DA HOMOLOGAÇÃO DE PENHOR LEGAL

55 INTRODUÇÃO

O penhor é um direito real de garantia que, em regra, recai sobre bem móvel e consuma-se com a tradição da coisa, que permanecerá em mãos do credor até a extinção da obrigação. Sua finalidade é fazer com que a execução da obrigação, em caso de inadimplemento, recaia preferencialmente sobre o bem. Como direito real, assegura ao seu titular o direito de sequela e de preferência, em caso de excussão. Tem natureza acessória e extingue-se com a dívida.

Conforme sua origem, pode ser convencional ou legal. O primeiro é aquele que resulta de acordo de vontade e se realiza por escritura pública ou instrumento particular. Para que valha contra terceiros, precisa ser levado ao Registro de Títulos e Documentos.

O penhor legal não deriva da vontade das partes, de um contrato, mas de determinação do legislador. Cabe nas hipóteses do art. 1.467 do CC: "São credores pignoratícios, independentemente de convenção: I – os hospedeiros, ou fornecedores de pousada ou alimento, sobre as bagagens, móveis, joias ou dinheiro que os seus consumidores ou fregueses tiverem consigo nas respectivas casas ou estabelecimentos, pelas despesas ou consumo que aí tiverem feito; II – o dono do prédio rústico ou urbano, sobre os bens móveis que o rendeiro ou inquilino tiver guarnecendo o mesmo prédio, pelos aluguéis ou rendas".

São hipóteses que, por força de lei, autorizam o penhor. Em ambas as situações do art. 1.467 do CC, tem-se o credor exercendo atividade na qual é obrigado a tratar com pessoas que não conhece e que, em princípio, não oferecem nenhuma garantia pelo serviço prestado, à exceção dos bens que trazem consigo.

A garantia abrange todos os bens móveis que se encontrem no interior do imóvel. O penhor legal, feito por hospedeiro ou fornecedor de pousada ou alimento, tem de ser justificado com base em conta "extraída conforme a tabela impressa, prévia e ostensivamente exposta na casa", que contenha os "preços de hospedagem, da pensão ou dos gêneros fornecidos" (CC, art. 1.468). A razão é impedir que o consumidor alegue desconhecimento dos valores cobrados.

A constituição do penhor legal começa por ato de natureza privada, que independe de intervenção judicial. O art. 1.469 do CC permite que o credor tome posse, em garantia, "de um ou mais objetos até o valor da dívida". A apreensão é feita independentemente de prévia autorização judicial, e deve abranger bens que sejam compatíveis com a extensão da dívida. Se necessário, pode recair sobre vários bens, mas deve guardar relação de proporcionalidade com o débito. Por isso, pressupõe que este tenha sido apurado e possa ser demonstrado pelo credor.

A norma exige duas providências: a apuração do valor da dívida e a avaliação dos objetos empenhados, feita nesse primeiro momento, de forma unilateral, pelo credor, mas que poderá ser oportunamente impugnada no processo de homologação do penhor legal.

O art. 1.470 do CC autoriza os credores a "fazer efetivo o penhor, antes de recorrerem à autoridade judiciária, sempre que haja perigo na demora, dando aos devedores comprovante dos bens de que as apossarem". Tomado o penhor, "requererá o credor, ato contínuo, a sua homologação judicial". Não basta que o credor tome os objetos, mas exige-se a complementação do ato, que só adquirirá eficácia após a homologação judicial, ou extrajudicial, na forma do art. 703, § 2º. Caso ela não seja requerida, o penhor perderá eficácia e o credor terá de restituir os bens ao devedor, sob pena de perpetrar esbulho possessório.

56 PROCEDIMENTO

O requerimento de homologação, que no CPC de 1973 estava tratado entre as medidas cautelares, não tem natureza cautelar, pois não é acessório nem está vinculado a um processo principal, cujo provimento jurisdicional visa proteger. O CPC atual o considera procedimento de jurisdição contenciosa, de procedimento especial.

Tem natureza satisfativa e objetiva dar plena eficácia à constituição do penhor legal, que se inicia por ato privativo do credor.

Não há ação principal a ser proposta. A execução pignoratícia não pode ser considerada como tal, porque nem sempre haverá necessidade ou possibilidade de ajuizá-la, o que dependerá de o credor ter título executivo.

O art. 1.470 do CC só permite o apossamento sem intervenção judicial quando haja perigo na demora. Parece-nos que a esse requisito deve-se acrescentar o de ser possível que a posse seja tomada, porque não há resistência do devedor e os bens estão ao alcance do credor.

Nessas circunstâncias, o credor, em autotutela, tomará a posse para si, devendo, ato contínuo, requerer a homologação do penhor legal, na forma dos arts. 703 e s. do CPC.

Quando não houver perigo na demora, ou não for viável a autotutela, não será possível o apossamento sem intervenção judicial. O credor deverá ajuizar a homologação do penhor legal e requerer que o juiz, além de estabelecer a garantia, conceda-lhe a posse dos bens. O procedimento judicial não é precedido de constrição particular.

Sempre que houver a apreensão extrajudicial dos bens, deve ser feito ajuizamento do pedido de homologação. A lei não estabelece, de forma precisa, qual seria o prazo, mas deixa claro que o ajuizamento não pode sofrer retardo, devendo ser feito sem demora, sob pena de a apreensão perder a eficácia e o juiz negar a homologação.

A petição inicial deverá expor ao juiz os fatos e os fundamentos jurídicos do pedido, devendo vir acompanhada do contrato de locação ou da conta pormenorizada das despesas, da tabela de preços e da relação dos objetos retidos. Embora a lei não diga expressamente, será necessário que o autor indique o valor aproximado dos bens, para que possa ser comparado ao do débito.

O réu será citado para pagar ou contestar na audiência preliminar que for designada.

Sua defesa deve limitar-se às matérias do art. 704 do CPC: "I – nulidade do processo; II – extinção da obrigação; III – não estar a dívida compreendida entre as previstas em lei ou não estarem os bens sujeitos ao penhor legal; IV – alegação de haver sido ofertada caução idônea, rejeitada pelo credor". A redação traz a impressão de que o rol é taxativo, mas o requerido poderá impugnar também o valor atribuído à dívida ou aos bens.

A partir da audiência preliminar, observar-se-á o procedimento comum. Se não houver necessidade de provas, o juiz homologará o pedido de plano; se houver, ele as determinará, podendo designar, se necessário, audiência de instrução, após o que proferirá sentença, na qual homologará ou não o penhor legal.

Caso haja homologação, consolidar-se-á a posse do autor sobre o objeto; caso não haja, haverá restituição dos bens apreendidos ao réu, ressalvado ao autor o direito de cobrar a dívida pelo procedimento comum, salvo se acolhida a alegação de extinção da obrigação.

Contra a sentença caberá apelação, e, na pendência do recurso, poderá o relator ordenar que a coisa permaneça depositada ou em poder do autor.

Uma novidade do CPC atual é a possibilidade de homologação do penhor legal extrajudicialmente, pela via notarial. O credor deverá dirigir o seu requerimento ao notário de sua escolha. O requerimento deve conter as informações indicadas no art. 703, § 1º, do CPC. O notário mandará notificar o devedor para, no prazo de cinco dias, pagar o débito ou impugnar sua cobrança, alegando por escrito uma das causas previstas no art. 704, caso em que o procedimento será encaminhado ao juízo competente. Transcorrido o prazo sem manifestação do devedor, o notário formalizará a homologação do penhor legal por escritura pública.

Capítulo XIV

DA REGULAÇÃO DE AVARIA GROSSA

57 INTRODUÇÃO

O CPC estabelece, nos arts. 707 a 711, um procedimento especial de regulação de avaria grossa. O CPC de 1973 não cuidava do assunto, mas o art. 1.218, XIV, mantinha em vigor as regras sobre avaria dos arts. 765 a 768 do CPC de 1939. As avarias são tratadas no Código Comercial, que as define no art. 761: "Todas as despesas extraordinárias feitas a bem do navio ou da carga, conjunta ou separadamente, e todos os danos acontecidos àquele ou a esta, desde o embarque e partida até a sua volta e desembarque, são reputadas avarias". Dentre elas, o Código Comercial distingue duas espécies: as avarias grossas ou comuns e as avarias simples ou particulares, definindo-se no art. 763: "As avarias são de duas espécies: avarias grossas ou comuns, e avarias simples ou particulares. A importância das primeiras é repartida proporcionalmente entre o navio, seu frete e a carga; e a das segundas é suportada, ou só pelo navio, ou só pela coisa que sofreu o dano ou deu causa à despesa". Por fim, o art. 764 do Código Comercial enumera quais são as avarias grossas: "São avarias grossas: 1 – Tudo o que se dá ao inimigo, corsário ou pirata por composição ou a título de resgate do navio e fazendas, conjunta ou separadamente; 2 – As coisas alijadas para salvação comum; 3 – Os cabos, mastros, velas e outros quaisquer aparelhos deliberadamente cortados, ou partidos por força de vela para salvação do navio e carga; 4 – As âncoras, amarras e quaisquer outras coisas abandonadas para salvamento ou benefício comum; 5 – Os danos causados pelo alijamento às fazendas restantes a bordo; 6 – Os danos feitos deliberantemente ao navio para facilitar a evacuação d'água e os danos acontecidos por esta ocasião à carga; 7 – O tratamento, curativo, sustento e indenizações da gente da tripulação ferida ou mutilada defendendo o navio; 8 – A indenização ou resgate da gente da tripulação mandada ao mar ou à terra em serviço do navio e da carga, e nessa ocasião aprisionada ou retida; 9 – As soldadas e sustento da tripulação durante arribada forçada; 10 – Os direitos de pilotagem, e outros de entrada e saída num porto de arribada forçada; 11 – Os aluguéis de armazéns em que se depositem, em, porto de arribada forçada, as fazendas que não puderem continuar a bordo durante o conserto do navio; 12 – As despesas da reclamação do navio e carga feitas conjuntamente pelo capitão numa só instância, e o sustento e soldadas da gente da tripulação durante a mesma reclamação, uma vez que o navio e carga sejam relaxados e restituídos; 13 – Os gastos de descarga, e salários para aliviar o navio e entrar numa barra ou porto, quando o navio é obrigado a fazê-lo por borrasca, ou perseguição de inimigo, e os danos acontecidos às fazendas pela descarga e recarga do navio em perigo; 14 – Os danos acontecidos ao corpo e quilha do navio, que premeditadamente se faz varar para prevenir perda total, ou presa do inimigo; 15 – As despesas feitas para pôr a nado o navio encalhado, e toda a recompensa por serviços extraordinários feitos para prevenir a sua perda total, ou presa; 16 – As perdas ou danos sobrevindos às fazendas carregadas em barcas ou lanchas, em consequência de perigo; 17 – As soldadas e sustento da tripulação, se o navio depois da viagem começada é obrigado a suspendê-la por ordem de potência estrangeira, ou por superveniência de guerra; e isto por todo o tempo que o navio e carga forem impedidos; 18 – O prêmio do empréstimo a risco, tomado para fazer face a despesas que devam entrar na regra de avaria grossa; 19 – O prêmio do seguro das despesas de avaria grossa, e as perdas sofridas na venda da parte da carga no porto de arribada forçada para fazer face às mesmas despesas; 20 – As custas judiciais para regular as avarias, e fazer a repartição das avarias grossas; 21 – As despesas de uma quarentena extraordinária. E, em geral, os danos causados deliberadamente em caso de perigo ou desastre imprevisto, e sofridos como consequência imediata destes eventos, bem como as despesas feitas em iguais circunstâncias, depois de deliberações motivadas (artigo n. 509), em bem e salvamento comum do navio e mercadorias, desde a sua carga e partida até o seu retorno e descarga".

58 PROCEDIMENTO

O procedimento de regulação de avaria grossa pressupõe que não haja consenso a respeito da nomeação de um regulador de avaria pelos interessados. Nesse caso, qualquer um deles pode, na comarca do primeiro porto em que o navio houver chegado, pedir ao juiz que nomeie um regulador de notório conhecimento. A ele aplicar-se-ão as regras gerais a respeito do perito, salvo se houver dispositivo específico em contrário.

Cumpre ao regulador de avarias declarar justificadamente quais são os danos que caracterizam a avaria grossa, exigindo das partes envolvidas a apresentação de garantias idôneas para a liberação da carga aos consignatários. As partes interessadas poderão impugnar as conclusões do regulador, e o juiz decidirá em dez dias.

Compete às partes apresentar nos autos os documentos necessários para a regulação da avaria grossa, no prazo que o regulador fixar, e que deve ser razoável. Apresentados os documentos, o regulador apresentará o regulamento da avaria grossa no prazo de doze meses, que pode ser estendido a critério do juiz. As partes terão vista dos autos com a regulação no prazo comum de quinze dias, e se não houver impugnação, a regulação será homologada por sentença. Se houver impugnação, o juiz ouvirá o regulador e decidirá em dez dias.

Capítulo XV

DA RESTAURAÇÃO DE AUTOS

59 INTRODUÇÃO

Tal como a habilitação, a restauração é ação incidente, pois pressupõe a existência de um outro processo cujos autos desapareceram.

Os autos constituem a documentação escrita dos atos e termos que são praticados no processo. Não se confundem com o próprio processo, entidade abstrata, composta de uma relação jurídica processual que implica a prática de atos destinados a um fim: a obtenção do provimento jurisdicional.

O que pode desaparecer são os autos, e não o processo. Esse desaparecimento traz prejuízos às partes, que ficam privadas da documentação dos atos até então praticados.

A solução, nesse caso, será requerer a restauração. Os arts. 712 e s. do CPC tratam do procedimento da restauração. Ela constituirá uma ação incidente, que pressupõe a existência de outra em andamento, cujos autos do processo desapareceram.

60 PROCEDIMENTO

A restauração pode ser determinada de ofício pelo juiz, ou a requerimento de qualquer das partes ou do Ministério Público.

Estão legitimadas a requerer a restauração qualquer das partes no processo. Requerida por uma das partes, a restauração terá no polo passivo a outra, e não quem deu causa ao extravio do processo.

A petição inicial deve ser distribuída por dependência ao juízo onde corre o processo cujos autos desapareceram. Além dos requisitos do art. 319 do Código de Processo Civil, ela declarará o estado do processo ao tempo do desaparecimento, apresentando, de acordo com os incisos do art. 713: "I – certidões dos atos constantes do protocolo de audiências do cartório por onde haja corrido o processo; II – cópia das peças que tenham em seu poder; III – qualquer outro documento que facilite a restauração".

A parte contrária será citada para contestar em cinco dias, devendo exibir as cópias, as contrafés e as outras reproduções de atos e dos documentos que estiverem em seu poder. Se ela concordar, será lavrado auto, assinado pelas partes e homologado pelo juiz, que suprirá os autos desaparecidos.

Se não concordar nem contestar, será observado o procedimento comum. As provas produzidas em audiência, se necessário, terão de ser repetidas se os autos desaparecem depois de sua realização, reinquirindo-se as mesmas testemunhas. Não poderá haver substituição das que foram ouvidas anteriormente, salvo em caso de impossibilidade de repetição, feito em que será deferida a substituição de ofício ou a requerimento. Se não houver cópia do laudo pericial, outra perícia terá de ser realizada. Se o juiz ou o escrivão tiver cópia da sentença, ela será juntada aos autos e terá a mesma autoridade do original.

A restauração é julgada por sentença, contra a qual cabe apelação. Enquanto ainda não julgada em definitivo, o processo fica suspenso. Quando o processo estiver no Tribunal, a restauração processar-se-á, sempre que possível, perante o relator, cabendo ao juízo de origem, porém, restaurar os atos que nele realizados.

A sucumbência na habilitação será carreada a quem deu causa ao extravio dos autos, sem prejuízo de eventual responsabilização civil ou penal.

Título II
DOS PROCEDIMENTOS ESPECIAIS DE JURISDIÇÃO VOLUNTÁRIA

Capítulo I
DAS DISPOSIÇÕES GERAIS

Muito se tem discutido a respeito da verdadeira natureza jurídica da jurisdição voluntária, que, segundo o processualista português José Alberto dos Reis, não é nem jurisdição nem voluntária.

Apesar da controvérsia, predominou em certa época o entendimento de que a jurisdição voluntária era administração pública de interesses privados. Essa ideia fundava-se no fato de que certos atos da vida privada das pessoas merecem fiscalização pelos órgãos públicos, pois têm repercussão na coletividade. Essa fiscalização foi confiada ao Judiciário porque o legislador, considerando a independência e a idoneidade dos magistrados, reputou-os mais bem preparados para tanto. Porém, o só fato de essa administração pública ter sido cometida a eles não lhe atribuía caráter jurisdicional.

Para os que assim entendem, na jurisdição voluntária, a função do juiz não é decidir um litígio, mas fiscalizar e integrar negócio jurídico privado dos envolvidos. Não há propriamente lide, embora possa existir entre os interessados certa controvérsia. Por isso, também não é apropriado falar-se em "partes", expressão que deve ficar reservada aos procedimentos de jurisdição contenciosa. Na voluntária, os envolvidos são chamados "interessados". Inexiste também, no sentido técnico do termo, um processo. O que há é mero procedimento de administração pública de interesses privados.

Parece-nos, porém, que apesar de suas peculiaridades, a jurisdição voluntária não pode deixar de ser considerada jurisdição. Primeiro, porque administração é tutela de interesse público, ao passo que jurisdição voluntária é tutela de interesse privado. Segundo, porque também na jurisdição voluntária há uma situação conflituosa, que precisa de solução. O conflito, em regra, não é de ordem tal que ponha em confronto os interesses de um e outro dos litigantes (embora eventualmente possa sê-lo), mas gera um estado de insatisfação, que precisa ser submetido à apreciação do Judiciário. É preciso admitir que, entre as várias hipóteses tratadas pela lei, como de jurisdição voluntária, há aquelas em que existe um litígio mais visível, e outras em que isso é muito menor.

A lei brasileira parece não deixar dúvida sobre a natureza da jurisdição voluntária ao tratar dela no livro relativo aos processos de conhecimento, de procedimento especial.

As peculiaridades da jurisdição voluntária impedem que a ela se apliquem indistintamente muitos dos princípios gerais do processo civil. Assim, o princípio da demanda é mitigado, porque o juiz pode instaurar de ofício alguns desses procedimentos, como o de abertura e cumprimento de testamento e os de arrecadação de herança jacente.

Não se aplica aos procedimentos de jurisdição voluntária o critério da legalidade estrita, como foi expresso no art. 723 e seu parágrafo único: "O juiz decidirá o pedido no prazo de dez dias. O juiz não é obrigado a observar critério de legalidade estrita, podendo adotar em cada caso a solução que considerar mais conveniente ou oportuna".

Uma outra peculiaridade desses procedimentos é que a sentença não fica acobertada pela autoridade da coisa julgada material, podendo ser modificada se ocorrerem circunstâncias supervenientes. A coisa julgada reveste de imutabilidade os efeitos da sentença judicial, para impedir que os conflitos se eternizem. Como na jurisdição voluntária não existem direitos contrapostos, ela não é necessária (a questão, porém, não é pacífica, havendo forte corrente doutrinária que tem sustentado que, diante da omissão da lei, deve prevalecer a regra geral de que, havendo sentença de mérito, haverá coisa julgada material, mesmo no âmbito da jurisdição voluntária).

Isso não quer dizer que o juiz possa livremente alterar as sentenças. Para tanto, é preciso que ocorram circunstâncias supervenientes tais que justifiquem a medida. Com muita frequência esse tipo de processo versa sobre situações que são mutáveis, como na interdição.

Ela é determinada pela incapacidade do interditando, que é variável, e pode modificar-se com o tempo. Isso não se harmoniza com a imutabilidade da sentença. Sua alteração não depende de puro arbítrio do juiz, mas de modificação fática ou circunstancial que a justifique, respeitados os efeitos até então produzidos.

No CPC de 1973, havia um dispositivo expresso a respeito da inexistência da coisa julgada material, nos procedimentos de jurisdição voluntária (art. 1.111), que não foi repetido no CPC atual. Isso poderia levar à conclusão de que, na nova lei, a coisa julgada material alcançaria até mesmo as sentenças proferidas em procedimentos de jurisdição voluntária. Mas não nos parece que seja assim. Dada a sua natureza, as sentenças proferidas continuam não fazendo coisa julgada material, podendo haver alteração, se novas circunstâncias fáticas sobrevierem.

Ao cuidar da jurisdição voluntária, o Código de Processo Civil trouxe um capítulo inicial, de disposições gerais, e diversos outros, subsequentes, de procedimentos especiais.

É possível dizer que há procedimentos comuns de jurisdição voluntária, regulados pelas disposições gerais, e procedimentos especiais, regulados em capítulos próprios. Tal como ocorre na jurisdição contenciosa, as disposições gerais são aplicáveis sempre que não contrariem ou não sejam incompatíveis com as específicas.

Como regra geral, o procedimento inicia-se por provocação do interessado, do Ministério Público ou da Defensoria Pública, que dirigem o pedido ao juiz, instruindo-o com a documentação necessária e com a indicação da providência judicial que se deseja. Há procedimentos que podem ser iniciados de ofício pelo juiz. As custas e despesas processuais são adiantadas pelo requerente e rateadas entre os interessados, nos termos do art. 88 do CPC.

Todos os interessados serão citados. Por interessados entendem-se aquelas pessoas cuja presença é necessária para integrar o negócio jurídico privado, que está sob administração pública. Quem tenha mero interesse econômico não o será.

Só haverá intervenção do Ministério Público quando presentes as hipóteses do art. 178 do Código de Processo Civil. A participação do *Parquet* nos procedimentos de jurisdição voluntária pressupõe as mesmas circunstâncias que a justificam na contenciosa. Também haverá necessidade de ouvir a Fazenda Pública naqueles processos em que ela tiver interesse.

Como regra geral, o prazo de resposta é de quinze dias, sendo facultado aos interessados produzir as provas que entendam necessárias, ressalvada ao juiz a possibilidade de livre investigação. A ele se aplica o disposto nos arts. 180, 183 e 229 do CPC. Não se pode falar, propriamente, em contestação, como na jurisdição contenciosa, pois não há interesses contrapostos. Àquele que foi citado cumpre, se o desejar, apresentar ao juiz sua manifestação, seu ponto de vista a respeito da providência postulada.

Ao manifestar-se, pode, antes de discutir o mérito, apresentar qualquer das preliminares mencionadas no art. 337, com a ressalva da convenção de arbitragem, que não cabe nos procedimentos de jurisdição voluntária. Do acolhimento das preliminares pode resultar a extinção do processo, sem resolução de mérito, nas mesmas hipóteses em que isso ocorreria na jurisdição contenciosa.

Além das matérias preliminares, pode o interessado, em sua resposta, discutir o mérito da demanda.

A falta de resposta implicará revelia. Mas os efeitos que dela provêm serão atenuados, diante da adoção do princípio de dispensa da legalidade estrita.

O procedimento de jurisdição voluntária encerra-se com uma sentença, a ser proferida no prazo de dez dias, e que pode ser impugnada por apelação.

O art. 725 do Código de Processo Civil enumera alguns dos procedimentos comuns, que serão processados de acordo com as disposições gerais, observada a regra de que o juiz não precisa observar a estrita legalidade.

Entre eles, estão:

I – Emancipação: é forma de cessação da incapacidade civil por menoridade. Existem três espécies: a voluntária, promovida pelos pais em favor dos filhos que já tenham completado 16 anos, feita por escritura pública; a legal, que se aperfeiçoa *ex lege*, prescindindo de qualquer manifestação de vontade ou procedimento, desde que o incapaz pratique um dos atos enumerados pelo Código Civil como hábeis a emancipá-lo (o casamento ou a colação de grau em estabelecimento de ensino superior, p. ex.); e a judicial, dos menores com mais de 16 anos, que estejam sob tutela. Esta última é que se processará como jurisdição voluntária (CC, art. 5º, parágrafo único, I).

II – Sub-rogação: trata-se da chamada sub-rogação de vínculo ou de ônus, como ocorrerá com a cláusula de inalienabilidade, quando, excepcionalmente, for autorizada a venda do bem (CC, art. 1.911, parágrafo único).

III – Alienação, arrendamento ou oneração de bens de crianças e adolescentes, de órfãos e de interditos: de acordo com os arts. 1.691, *caput*, 1.750 e 1.774, todos do Código Civil, os bens de crianças e adolescentes, de órfãos e de incapazes só podem ser alienados com autorização judicial, que será obtida em procedimento de jurisdição voluntária.

IV – Alienação, locação e administração da coisa comum: trata-se de situação em que há condomínio. Qualquer dos condôminos, isoladamente, pode requerer a sua extinção, ainda que a maioria seja contra. Se o bem for divisível, a extinção faz-se pela divisão da coisa comum, em ação divisória (procedimento especial de jurisdição contenciosa, já estudado). Se for indivisível, pela alienação judicial da coisa, e posterior partilha do produto, em procedimento de jurisdição voluntária. Ressalve-se, porém, que a ação de divisão ou a alienação judicial da coisa só serão necessárias se não houver acordo entre os condôminos para divisão ou alienação, ou se, existindo acordo, houver entre eles um incapaz. Do contrário, a extinção do condomínio será feita extrajudicialmente. O art. 730 do Código de Processo Civil cuida do procedimento que será obedecido para que a alienação judicial se aperfeiçoe.

V – Alienação judicial de quinhão em coisa comum: o condômino em coisa indivisível não pode alienar o seu quinhão sem dar direito de preferência aos demais condôminos. Todos os outros coproprietários devem ser citados para exercer o direito de preferência, de acordo com as normas do Código Civil.

VI – Extinção de usufruto, quando não decorrer da morte do usufrutuário, do termo da sua duração ou da consolidação, e de fideicomisso, quando decorrer de renúncia ou quando ocorrer antes do evento que caracterizar a condição resolutória: o usufruto extingue-se nas hipóteses dos arts. 1.410 e 1.411 do Código Civil; o fideicomisso, quando se verificar a situação prevista no art. 1.958.

VII – A expedição de alvará judicial: o alvará não é uma ordem, mas uma autorização judicial para a realização de determinados atos jurídicos. Há certos atos cuja realização está condicionada a que haja autorização judicial, que é dada por meio do alvará. Trata-se de mecanismo que assegura a fiscalização judicial sobre a prática de determinados atos. Por exemplo, os valores a que se refere a Lei n. 6.858/80 não devem ser inventariados. Mas, para que os beneficiários possam levantá-los, é necessário que haja alvará judicial, que se processará como procedimento de jurisdição voluntária.

VIII – A homologação de autocomposição extrajudicial, de qualquer natureza ou valor: o art. 57 da Lei n. 9.099/95 já previa a possibilidade de homologação de qualquer acordo extrajudicial, independentemente de natureza ou valor, em juízo. A finalidade é que ele passe a valer como título executivo judicial, nos termos do art. 515, III, do CPC.

O rol do art. 725 não é taxativo, mas exemplificativo. Há outros procedimentos comuns de jurisdição voluntária que não foram enumerados, como o suprimento judicial de outorga uxória (CPC, art. 74) ou o do consentimento para casamento (CC, art. 1.519), entre outros.

Capítulo II

DAS NOTIFICAÇÕES E DAS INTERPELAÇÕES

As notificações e interpelações eram tratadas no CPC de 1973 como procedimentos cautelares específicos. Elas não têm natureza cautelar, mas de jurisdição voluntária. Não buscam afastar perigo de prejuízo irreparável, e seu deferimento não depende da prova de verossimilhança do direito alegado. O CPC atual corrigiu o equívoco, atribuindo-lhes a natureza de procedimentos de jurisdição voluntária (CPC, arts. 726 e s.).

Sua finalidade é, por via pública, permitir a quem tiver interesse em manifestar formalmente sua vontade a outrem sobre assunto juridicamente relevante dar ciência de seu propósito às pessoas participantes da mesma relação jurídica (CPC, art. 726). Também pode ter por finalidade interpelar o requerido, no caso do art. 726, para que faça ou deixe de fazer o que o requerente entenda ser de seu direito.

O juiz não exerce nenhuma função decisória. Sua atuação é simplesmente a de fazer realizar a comunicação de determinada intenção ou vontade, de maneira pública. Isso poderia ser feito extrajudicialmente, mas a parte prefere fazê-lo por intermédio do juízo, para dar um caráter mais oficial e público, afastando futuras impugnações, fundadas em desconhecimento da parte contrária.

Como tais medidas não têm natureza cautelar, não há necessidade de ação principal. Quase sempre a finalidade é constituir o devedor em mora, nos casos em que isso se faz necessário.

Em regra, nas obrigações com termo certo de vencimento, não há necessidade de notificar o devedor para que ele seja constituído em mora (*mora ex re*); a necessidade de prévia notificação fica restrita às obrigações sem data certa (*mora ex persona*). Porém, há situações em que, por força de lei, mesmo que haja prazo certo de vencimento, há necessidade de notificação do devedor. Um exemplo é o do contrato de compromisso de compra e venda, em que a notificação é sempre necessária.

Também é nos contratos de prazo indeterminado, por exemplo, nos de locação, regidos pela Lei n. 8.245/91, quando, vencido o prazo inicial, não houver ajuizamento da ação de despejo e o contrato prorrogar-se. Se o prazo inicial era de ao menos trinta meses, após a prorrogação, o locador pode, a qualquer tempo, notificar o inquilino para desocupação, nos prazos estabelecidos em lei, sob pena de ajuizamento de ação de despejo. Também nos contratos de comodato por prazo indeterminado haverá necessidade de prévia notificação, para oportuno ajuizamento de ação de reintegração de posse.

Não há grande relevância na distinção entre os três tipos de atos a que aludem os arts. 726 e s.: protesto, notificação ou interpelação. Todos têm a mesma finalidade, a de fazer com que alguém tome ciência de determinada vontade ou intenção, ou faça ou deixe de fazer alguma coisa. Em regra, a notificação é feita para dar ciência de algo; a interpelação, para exigir o cumprimento de uma obrigação; e o protesto é a reclamação pública contra determinada situação.

Com tais atos, destinados a dar ciência ao terceiro, não se confunde a citação, nome reservado ao ato pelo qual se dá ciência ao réu, executado ou interessado, da existência de um processo, concedendo-lhe oportunidade de defesa.

A notificação pode ter por objetivo dar conhecimento geral ao público de determinada manifestação de vontade sobre assunto juridicamente relevante, caso em que ela será feita com a publicação de edital.

Não há necessidade dos requisitos comuns a todas as petições iniciais. Basta que, de forma sucinta, o autor deixe clara a finalidade da medida e a manifestação de vontade de que se quer dar ciência aos terceiros. Por exemplo: se o autor quer constituir o devedor em mora, basta indicar, na petição inicial, a obrigação e solicitar a notificação do devedor para pagar em determinado prazo, sob pena de incidir em mora.

A medida deve ser proposta, em regra, no local do domicílio daqueles que devem ser cientificados ou no dos fatos que deram origem a ela.

É preciso fundamentar o pedido para que o juiz possa avaliar se há risco de dano indevido a terceiro e para que verifique em que consiste o interesse na cientificação. O protesto, a notificação ou a interpelação jamais conterão qualquer tipo de ordem judicial. Sua finalidade é comunicar, dar ciência.

É possível que resultem prejuízos para aquele que é cientificado. Por exemplo, a perda de um negócio jurídico lícito pelo eventual desinteresse dos que iam celebrá-lo, atemorizados pela notificação ou pelo protesto. Cabe ao juiz tomar certa cautela ao deferir a medida, examinando a pretensão do autor, para evitar prejuízo indevido ao requerido.

O requerido será previamente ouvido antes do deferimento da notificação ou do respectivo edital: I – se houver suspeita de que o requerente, por meio da notificação ou do edital, pretende alcançar fim ilícito; II – se tiver sido requerida a averbação da notificação em registro público.

Capítulo III

DAS ALIENAÇÕES JUDICIAIS

O CPC, no art. 730, traça as regras de procedimento da alienação judicial de bens, que será feita nas hipóteses previstas em lei. Entre elas:

a) quando houver bens depositados judicialmente que sejam de fácil deterioração, estiverem avariados ou exigirem grandes despesas para sua guarda;

b) quando o bem, indivisível, deixado em herança, não couber no quinhão de um só herdeiro, salvo a hipótese de haver concordância entre eles, para que haja adjudicação a um só;

c) quando houver condomínio em coisa indivisível, e for requerida sua extinção, não havendo acordo entre os condôminos para que ela seja adjudicada a um só. Não será necessário, porém, o ingresso em juízo se os condôminos estiverem de acordo quanto à venda e às condições em que ela se realizará. Até a sentença que determina a extinção, observar-se-á o procedimento geral de jurisdição voluntária (CPC, art. 725, IV). Determinada a extinção, a alienação judicial observará a forma do art. 730;

d) dos bens móveis e imóveis de órfãos nos casos em que a lei o permite e mediante autorização judicial. Embora a lei mencione "órfãos", a regra vale para todos os menores que estejam sob tutela, ainda que os pais sejam vivos, embora tenham sido destituídos do poder familiar, como determina o art. 1.750 do Código Civil.

Na primeira hipótese – de alienação de bem depositado judicialmente –, a determinação deve ser feita de ofício pelo juiz, ou a requerimento dos interessados ou do depositário e nos próprios autos do processo em que este foi nomeado. Não se trata, portanto, de um processo autônomo de alienação judicial, como nas demais hipóteses, mas de medida de cautela, tomada pelo juiz no exercício de suas funções para evitar o perecimento do bem depositado ou a realização de gastos excessivos e desnecessários.

Nas hipóteses de condomínio sobre bem indivisível, cumpre lembrar que os demais condôminos terão sempre direito de preferência sobre a coisa comum.

O procedimento a ser observado é, no que couber, aquele estabelecido nos arts. 879 a 903 do CPC. Determinada a alienação judicial do bem, o juiz determinará que eles sejam avaliados por um perito por ele nomeado, se eles já não o tiverem sido antes, ou, tendo sido, se tiver havido alteração em seu valor.

Em seguirá, far-se-á a alienação nas formas estabelecidas no art. 879, seguindo-se o procedimento dos dispositivos seguintes.

Capítulo IV

DIVÓRCIO E SEPARAÇÃO CONSENSUAIS, EXTINÇÃO CONSENSUAL DA UNIÃO ESTÁVEL E ALTERAÇÃO DO REGIME DE BENS DO MATRIMÔNIO

No dia 14 de julho de 2010, foi editada e entrou em vigor a Emenda Constitucional n. 66, que alterou a redação do art. 226, § 6º, da Constituição Federal. O texto anterior dizia que: "O casamento civil pode ser dissolvido pelo divórcio, após prévia separação judicial por mais de um ano nos casos expressos em lei, ou comprovada separação de fato por mais de dois anos". O dispositivo impunha condições para o divórcio: prévia separação judicial pelo tempo indicado ou separação de fato por mais de dois anos. Com a nova redação, o dispositivo passou a determinar que "o casamento civil pode ser dissolvido pelo divórcio". Diante disso, extinguiram-se as anteriores exigências: não há mais necessidade de prévia separação judicial ou de separação de fato. O divórcio pode ser requerido a qualquer tempo, depois de celebrado o casamento.

Diante da modificação do texto constitucional, a tese de que a separação judicial teria deixado de existir, por ter perdido a sua razão de ser, uma vez que o divórcio pode ser decretado sem qualquer condição ou prazo prévios, ganhou importantes defensores.

Não nos parece, no entanto, que seria essa a melhor solução. Não se discute que desapareceram as condições prévias do divórcio. Mas não havia razão para que se considerasse extinta a separação judicial, já que os cônjuges poderiam preferir separar-se, sem se divorciar.

A separação judicial põe fim apenas à sociedade conjugal, mas não ao vínculo do casamento. Permite, portanto, o futuro restabelecimento da sociedade conjugal, caso os cônjuges mudem de ideia e decidam tornar ao convívio. Já o divórcio, ao extinguir o vínculo, não permite uma futura reconciliação e o restabelecimento da união, a não ser por outro casamento.

Assim, parece-nos que os cônjuges poderiam preferir apenas a separação, por ainda não estarem completamente convencidos da impossibilidade de restabelecimento da sociedade conjugal, embora exista forte corrente doutrinária que propugne pela extinção da separação.

O CPC não deixa dúvidas quanto à permanência da separação judicial, contenciosa ou consensual, regulando-lhes o procedimento nos arts. 693 e s. e 731 e s.

Mas, ainda que mantida a separação, não se pode mais cogitar de prazo mínimo para a sua realização, ainda que consensual. O art. 1.574 do Código Civil condicionava a separação amigável ou consensual ao cumprimento do prazo de um ano de casamento. Ora, se não há mais requisito temporal para o divórcio, que põe fim ao vínculo conjugal, não pode mais haver para a separação consensual. Assim, parece-nos que a separação judicial continua em nosso ordenamento jurídico, mas sem nenhum requisito temporal.

A separação judicial faz cessar o complexo de direitos e obrigações inerentes à vida comum, que constitui a sociedade conjugal. Pode decorrer da vontade comum dos cônjuges, ou não. Os arts. 731 e s. tratam do procedimento da ação de separação consensual, isto é, aquela em que ambos os cônjuges, de comum acordo, desejam separar-se. Nela, não há discussão de culpa, dado que a nenhum dos cônjuges é atribuída a pecha de causador da separação. Tratam também do divórcio consensual, em que se porá fim ao vínculo do casamento, por vontade de ambos os cônjuges. O mesmo procedimento deve ser observado para a extinção consensual da união estável e para a alteração do regime do matrimônio, prevista no art. 1.639, § 2º, do Código Civil.

É preciso que ambos os cônjuges ou companheiros manifestem a sua vontade de separar-se, divorciar-se, extinguir a união estável ou alterar o regime de casamento, assinando petição conjunta, que contenha as disposições indicadas no art. 731 do CPC, podendo o juiz recusar a homologação do acordo se verificar que não preserva suficientemente os interesses dos filhos ou de um dos cônjuges.

A ação de separação judicial é personalíssima e intransferível. Em caso de morte de um dos cônjuges, o processo será extinto sem resolução de mérito, porque o resultado almejado, o encerramento da sociedade conjugal, do matrimônio ou da união estável, terá sido alcançado.

O art. 733 do CPC autoriza que o divórcio, a separação e a extinção de união estável consensuais sejam realizados por escritura pública, sem necessidade de homologação judicial.

É indispensável que o casal não tenha filhos menores ou incapazes, e que não haja nascituro, o que exigiria a fiscalização judicial e do Ministério Público.

Da escritura constarão as disposições referentes à descrição e partilha de bens comuns, pensão alimentícia, o acordo relativo à guarda dos filhos incapazes e ao regime de visitas e o valor da contribuição para criar e educar os filhos.

Mas essa é uma opção criada pelo legislador, ficando assegurado ao casal, se preferir, optar pela separação ou pelo divórcio consensual, ou ainda pela extinção de união estável, em juízo. Ainda que por escritura, exige-se que os cônjuges estejam representados por advogado. A seguir, trataremos do procedimento da separação e do divórcio consensual, bem como da extinção da união estável, realizado em juízo.

O requerimento será formulado por ambos os cônjuges ou companheiros em conjunto. Não é possível que seja requerida por apenas um deles. Quando não houver acordo, o procedimento será de jurisdição contenciosa (litigiosa).

A petição inicial da separação consensual deve vir instruída com a certidão de casamento e com o pacto antenupcial. A necessidade deste último decorre da determinação de que o juiz não homologue o acordo se verificar que ele não preserva suficientemente os interesses dos filhos ou de um dos cônjuges. É preciso, também, que a inicial venha acompanhada das certidões de nascimento dos filhos.

A ação será proposta no foro do domicílio do casal. A petição inicial deve ser assinada por ambos os cônjuges e respectivos advogados. Em regra, eles contratam um advogado só, mas nada impede que os contratem diferentes. A petição inicial será uma só, assinada por ambos, contendo os termos da separação, do divórcio ou da extinção da união estável.

Como a inicial tem de ser assinada pelos próprios cônjuges ou companheiros, se um deles não souber ou não puder fazê-lo, será lícito solicitar que a assinatura seja feita a rogo. Ela poderá ser lançada na presença do juiz. Se a petição já for trazida com as assinaturas, é preciso que lhes seja reconhecida a firma.

Não é preciso que, na petição inicial, os cônjuges indiquem a causa pela qual decidiram separar-se. Basta que informem não haver a possibilidade de reconstituição da sociedade conjugal.

O art. 731 do CPC indica outros requisitos da petição inicial. Deve conter a descrição dos bens do casal e a respectiva partilha; o acordo relativo à guarda dos filhos incapazes; o valor da contribuição para criar e educar os filhos e a pensão alimentícia que um cônjuge pagará ao outro se este não possuir bens suficientes que lhe assegurem o sustento.

O art. 731, parágrafo único, do CPC faculta aos cônjuges a possibilidade de relegar a partilha para outro momento, caso não haja consenso entre eles. Eventuais discordâncias quanto à partilha não impedem a homologação do acordo. Na vigência do Código Civil de 1916, era imprescindível que se fizesse a partilha para a decretação do divórcio. No Código de 2002, art. 1.581, ficou estabelecido que nem mesmo para o divórcio ela é necessária.

Mesmo que os cônjuges a releguem para momento posterior, é indispensável que na petição inicial eles informem se têm bens, descrevendo-os em caso afirmativo. O direito de visita aos filhos também poderá ser regulado posteriormente.

É possível que a partilha seja desigual, dado que eles são maiores e capazes e têm a possibilidade de transigir, caso em que será necessário recolher o imposto de transmissão *inter vivos*, em decorrência da doação realizada.

Na separação ou no divórcio consensual e na extinção da união estável, as partes celebram um acordo, um negócio jurídico civil, que estabelecerá as consequências do ato. Além de poderem decidir sobre a partilha, fixarão a guarda dos filhos, sendo conveniente que já estabeleçam direito de visita, para que isso não se torne, posteriormente, fonte de novas divergências. No acordo ficará estabelecida a pensão que será paga, pelo cônjuge que não ficar com a guarda, aos filhos.

É possível que se fixe pensão que um cônjuge deva dar ao outro, se dela necessitar. Se nada ficar estabelecido, presume-se que nenhum dos cônjuges dela necessita.

A petição inicial poderá esclarecer se a mulher voltará a usar o nome de solteira ou se manterá o sobrenome do marido, devendo presumir-se, no silêncio, que optou por conservá-lo. Nada impede que, depois de homologado o acordo, o interessado requeira, em juízo, que volte a usar o nome de solteiro, sem a necessidade de anuência do outro cônjuge. Salvo essa, as demais cláusulas do acordo não poderão ser alteradas unilateralmente.

Se a inicial estiver em termos, o juiz homologará o pedido, e decretará o divórcio, a separação ou a extinção da união estável, sem necessidade de designação de prévia audiência de tentativa de conciliação, como havia no regime do CPC de 1973. Se houver filhos menores ou incapazes, ele ouvirá o Ministério Público, antes de decidir. Se não os houver, não haverá intervenção ministerial.

Homologada a separação, a sentença será averbada no Registro Civil e, havendo imóveis, também no Cartório de Registro de Imóveis.

É possível que, a qualquer tempo, no curso da ação de separação litigiosa, as partes requeiram a conversão para consensual, obedecendo-se, a partir daí, ao procedimento de jurisdição voluntária.

A alteração do regime de bens do casamento é permitida pelo art. 1.639, § 2º, do Código Civil e deverá ser formulada por requerimento conjunto de ambos os cônjuges. É necessário que eles fundamentem o pedido de alteração, já que o Código Civil o exige, e que fiquem preservados os direitos de terceiros. Não será deferida a alteração se, por exemplo, prejudicar eventuais direitos de credores.

Apresentado o pedido, o juiz ouvirá o Ministério Público e mandará publicar edital que divulgue a pretendida alteração do regime, somente podendo decidir após trinta dias da publicação. As partes podem propor ao juiz um meio alternativo de divulgação do pedido, a fim de resguardar interesses de terceiros.

A sentença que deferir a alteração será, após o trânsito em julgado, averbada, por mandado, no Registro Civil e de Imóveis, e, se qualquer dos cônjuges for empresário, no Registro Público de Empresas Mercantis e Atividades Afins.

Capítulo V

DOS TESTAMENTOS E CODICILOS

61 A SUCESSÃO TESTAMENTÁRIA

A sucessão, de acordo com a sua fonte, pode ser legítima ou testamentária. A primeira decorre de lei; a segunda, de disposição de última vontade, manifestada em testamento ou codicilo.

Aquele que morre sem deixar testamento será sucedido pelos herdeiros legítimos, na ordem de vocação hereditária fixada por lei. É possível que a sucessão seja simultaneamente legítima e testamentária, desde que o testamento não compreenda todos os bens do *de cujus*. Aos remanescentes serão aplicadas as regras da sucessão legítima.

Sempre que houver herdeiros necessários (descendentes, ascendentes e cônjuge), a liberdade de testar não é plena, pois não será possível dispor de mais da metade da herança, preservando-se a legítima. Não havendo, o testador poderá dispor de tudo o que lhe pertencer.

O testamento pode ser conceituado como o ato de última vontade pelo qual o autor da herança dispõe no todo ou parte de seus bens para depois da morte, podendo fazer outras disposições.

Admitem-se três formas de testamento ordinário (público, particular e cerrado) e três formas de testamento especial (marítimo, aeronáutico e militar).

O público é aquele escrito por um tabelião em livro de notas, de acordo com a vontade do testador, na presença de duas testemunhas.

O particular é inteiramente escrito e assinado pelo testador. Deve, também, ser lido e assinado por três testemunhas. É a forma menos segura de testar, porque demanda confirmação, em juízo, pelas testemunhas, depois da abertura da sucessão.

Já o cerrado é aquele cujo conteúdo só é conhecido pelo próprio testador. Depois de escrito, deve ser lavrado auto de aprovação por oficial público, na presença de duas testemunhas (CC, art. 1.868, I). O oficial e as testemunhas apenas dão autenticidade exterior ao documento, pois não conhecem o seu conteúdo. O documento será, em seguida, lacrado. Também é menos seguro, por reputar-se revogado sempre que houver rompimento do lacre. Com a morte do autor da herança, ele será aberto pelo juiz, que o fará registrar e arquivar em cartório, determinando o seu cumprimento se não achar vício externo que o torne suspeito de nulidade ou falsidade.

Os testamentos especiais marítimo, aeronáutico e militar só podem ser utilizados em situações de emergência. Os dois primeiros, quando o autor da herança está em navio de guerra ou mercante, aeronave militar ou comercial, em viagem, podendo revestir forma assemelhada ao público ou ao cerrado (art. 1.888, *caput*). O militar é o elaborado não apenas por militares, mas também por outras pessoas, desde que em serviço do exército ou em campanha, que estejam participando de operações de guerra, no Brasil ou fora dele. Pode revestir forma assemelhada ao testamento público (art. 1.893), ao cerrado (art. 1.894) ou ser nuncupativo.

62 ABERTURA, REGISTRO E CUMPRIMENTO DO TESTAMENTO

Os arts. 735 a 737 prescrevem o procedimento adequado para a abertura, o registro e o cumprimento dos testamentos cerrado e particular.

Quando cerrado, o juiz deverá inicialmente averiguar se ele está intato, sem rompimento do lacre ou se há indícios de vícios externos indicativos de fraude; depois, abrirá o testamento e mandará que o escrivão o leia na presença de quem o entregou, lavrando-se o ato de abertura, rubricado pelo juiz e pelo apresentante. O ato deverá conter os requisitos indicados pelo art. 735, § 1º e incisos do Código de Processo Civil.

O Ministério Público será sempre ouvido nos processos que envolvam sucessão testamentária. Se não forem constatados vícios externos, que tornem o testamento suspeito de nulidade ou falsidade, o juiz mandará registrá-lo e arquivá-lo, determinando seu cumprimento.

Depois do registro, será intimado o testamenteiro nomeado a assinar o termo de testamentaria; se não houver testamenteiro nomeado, ou se ele estiver ausente ou não aceitar o encargo, o juiz nomeará testamenteiro dativo. Assinado o termo, o escrivão extrairá cópia autenticada do testamento, juntando-a ao inventário ou à arrecadação de herança.

Caso a pessoa que detém o testamento não o apresente, o juiz, de ofício, ou a pedido de qualquer interessado ou do Ministério Público, ordenará que ele o exiba em juízo, sob pena de busca e apreensão.

Quando o testamento for público, qualquer interessado poderá solicitar o seu cumprimento, exibindo traslado ou certidão e requerendo ao juiz que determine o seu cumprimento. Ao testamento público aplicam-se os parágrafos do art. 735.

63 A CONFIRMAÇÃO DO TESTAMENTO PARTICULAR

Ao contrário dos testamentos público e cerrado, o particular não tem a autenticidade atestada por um tabelião. Por isso, é necessário que seja confirmado em juízo, na forma do art. 737.

A publicação do testamento particular será feita a requerimento do herdeiro, do legatário ou do testamenteiro, ou ainda do terceiro detentor do testamento, se impossibilitado de entregá-lo a algum dos outros legitimados para requerê-la, depois do falecimento do testador. Eles requererão a publicação em juízo do testamento. A petição inicial deve vir instruída com a cédula do testamento particular.

Para o processo, são intimados os herdeiros que não tiveram requerido a publicação e o Ministério Público. Depois de ouvidas as testemunhas, os interessados terão prazo de cinco dias para manifestar-se.

Verificado o preenchimento dos requisitos legais e ouvido o Ministério Público, o juiz confirmará o testamento. O Código Civil exige que três testemunhas participem da elaboração do testamento (no Código Civil anterior o número era de cinco).

Para que ele seja confirmado, basta que, se as demais testemunhas estiverem ausentes ou mortas, uma delas o reconheça, se, a critério do juiz, houver prova suficiente de sua veracidade, ou até mesmo nenhuma, em circunstâncias excepcionais, declaradas na cédula, na forma do art. 1.879 do Código Civil.

As disposições referentes à confirmação do testamento particular aplicam-se também ao testamento marítimo, militar, aeronáutico, nuncupativo e aos codicilos.

64 A EXECUÇÃO DO TESTAMENTO

Incumbe ao testamenteiro cumprir as disposições testamentárias. Depois de abertos e registrados o testamento público e o cerrado, ou confirmados o testamento particular e o codicilo, ele requererá a abertura do inventário, desde que tenha consigo a posse dos bens da herança, nos termos do art. 1.978 do Código Civil. Caso não a tenha, ao testamenteiro incumbirá exigir dos herdeiros que cumpram o necessário para que sejam executadas as disposições testamentárias.

No cumprimento do testamento, observar-se-á o disposto nos parágrafos do art. 735.

Se o detentor não promoveu o registro do testamento, pode o testamenteiro requerer ao juiz que o ordene. Essa providência, no entanto, pode ser determinada pelo juiz até de ofício.

Deve o testamenteiro prestar contas de sua gestão, não sendo eficaz a disposição testamentária que o dispense de fazê-lo.

Além da obrigação de requerer a abertura do inventário, quando for o caso, de cumprir fielmente as disposições de última vontade e de prestar contas, compete ao testamenteiro defender a validade do testamento, sempre que necessário, defender a posse dos bens da herança e requerer ao juiz os meios que sejam necessários para o cumprimento das disposições testamentárias.

Em contrapartida, ele faz jus a uma remuneração, na forma estabelecida no art. 1.987 do Código Civil: "Salvo disposição testamentária em contrário, o testamenteiro, que não seja herdeiro ou legatário, terá direito a um prêmio, que, se o testador não o houver fixado, será de 1% a 5%, arbitrado pelo juiz, sobre a herança líquida, conforme a importância dela e maior ou menor dificuldade na execução do testamento".

Capítulo VI

DA HERANÇA JACENTE

A herança será jacente sempre que, aberta a sucessão, apurar-se que o *de cujus* não deixou testamento nem notícia da existência de herdeiros. Apesar de não ter personalidade jurídica, a herança jacente, esse acervo de bens e relações jurídicas, tem capacidade de ser parte, devendo ser administrada e representada por um curador.

O juiz da comarca em que o falecido tinha domicílio, de ofício ou a pedido de qualquer interessado ou do Ministério Público, mandará arrecadar sem perda de tempo todos os bens que componham a herança jacente, nomeando o curador, a quem será confiada a sua guarda e administração.

Nos arts. 740 e 741, o CPC estabelece a forma pela qual se procederá à arrecadação. O juiz ordenará que o Oficial de Justiça, acompanhado do escrivão ou do chefe de secretaria e do curador, arrole os bens e descreva-os em auto circunstanciado. Se o próprio juiz não puder comparecer à casa do falecido, requisitará à autoridade policial que proceda à arrecadação e ao arrolamento dos bens, acompanhada de duas testemunhas, que assistirão às diligências. Se o curador não tiver sido nomeado, o juiz nomeará um depositário, que ficará provisoriamente com os bens. Os situados em outras comarcas serão arrecadados por carta precatória. Se, no curso da arrecadação, aparecer cônjuge, companheiro, herdeiro ou testamenteiro notoriamente reconhecido reclamando os bens, que comprove sua qualidade, o juiz, não havendo oposição motivada do curador, de qualquer interessado, do Ministério Público ou da Fazenda, não continuará o procedimento, ficando sem efeito o que já havia sido levado a cabo.

Depois da arrecadação, o juiz determinará a expedição de editais, cuja finalidade é tornar pública a existência da herança jacente, para que eventuais interessados apareçam e comprovem a qualidade de herdeiros. A publicação será feita na forma do art. 741, *caput*, do CPC.

Eventuais sucessores poderão habilitar-se, bem como testamenteiro, e, se comprovadas as suas qualidades, o procedimento de herança jacente converter-se-á em inventário. Também os credores poderão habilitar-se, tal como ocorre no procedimento de inventário, para exigir o que lhe é devido, incumbindo ao curador manifestar-se sobre tais requerimentos, em defesa dos interesses da herança. O Ministério Público intervirá sempre nos procedimentos de herança jacente.

Pode o juiz autorizar a venda de bens, em situações especiais, em regra relacionadas ao risco de possíveis deteriorações, na forma do art. 742 do CPC.

Passado um ano da publicação do primeiro edital, não tendo havido nenhuma habilitação, ou não tendo sido acolhidas as que foram apresentadas, a herança será declarada vacante.

Com a declaração de vacância, os bens não são imediatamente entregues à municipalidade ou ao ente público destinatário. Nesse período, é possível que apareçam herdeiros que, comprovando sua qualidade, façam jus aos bens. Há, no entanto, duas observações fundamentais: a primeira é que, se o interessado que se apresentou for um colateral, com a declaração de vacância, ele terá perdido seus direitos à sucessão, na forma do art. 1.822, parágrafo único, do Código Civil. A segunda é que, depois de transitada em julgado a sentença de declaração de vacância, os herdeiros e os credores só poderão reclamar seu direito por ação direta, não bastando a mera habilitação, como na fase de jacência.

Ao final de cinco anos, que são contados da data da abertura da sucessão, os bens arrecadados passarão ao domínio do município ou do Distrito Federal, se localizados nas respectivas circunscrições, ou ao domínio da União, quando situados em território federal.

Capítulo VII

DOS BENS DOS AUSENTES

O ausente é aquela pessoa que desaparece de seu domicílio sem deixar representante e sem dar notícia de seu paradeiro.

A declaração de ausência será feita sempre que presentes as hipóteses dos arts. 22 e 23 do Código Civil, isto é, sempre que uma pessoa desaparecer de seu domicílio, sem que dela haja notícia, e sem deixar representante ou procurador a quem toque administrar-lhe os bens, ou sempre que o procurador nomeado não queira ou não possa continuar exercendo o mandato.

O requerimento de declaração de ausência pode ser feito por qualquer interessado ou pelo Ministério Público, em petição dirigida ao juiz da comarca em que o ausente tinha domicílio. Se, na comarca, houver Vara de Família, será ela a competente para apreciar o pedido.

Antes de acolhê-lo, o juiz pode determinar as diligências que entender necessárias para convencer-se de que o ausente efetivamente desapareceu. A sentença será meramente declaratória, devendo ser levada a registro, na forma do art. 94 da Lei n. 6.015/73. Nela, o juiz deve nomear curador, determinando que sejam arrecadados os bens. A arrecadação será feita em procedimento idêntico ao adotado para as heranças jacentes.

A declaração de ausência e a posterior abertura de sucessão provisória têm efeitos meramente patrimoniais, nunca pessoais, de forma que o cônjuge do ausente não será considerado viúvo nem os filhos serão tidos como órfãos. Mas, aberta a sucessão definitiva, estará rompido o vínculo matrimonial (art. 1.571, § 1º, do CC).

Não se pode confundir a morte presumida, que decorre da abertura da sucessão definitiva do ausente, com a justificação de óbito, prevista no art. 88 da Lei n. 6.015/73, para as hipóteses de catástrofes em que o corpo da vítima desaparece, impedindo a elaboração de atestado médico de óbito. O acolhimento da justificação implicará o reconhecimento da morte real, e não meramente presumida, produzindo efeitos pessoais e patrimoniais.

Quatro fases distintas podem ser identificadas, após a arrecadação. Na primeira, o juiz manda publicar editais na rede mundial de computadores, no sítio do Tribunal a que estiver vinculado e na plataforma de editais do Conselho Nacional de Justiça, onde permanecerá por um ano, ou, não havendo sítio, no órgão oficial e na imprensa da comarca, durante um ano, reproduzida de dois em dois meses, conclamando o ausente a retornar à posse dos seus bens. Caso isso aconteça, ou se tenha a certeza da morte, cessa a curadoria e extingue-se o procedimento. A curadoria também cessa com a sucessão provisória.

Depois de passado um ano da publicação do edital sem que o ausente se tenha apresentado, inicia-se a segunda fase, e os interessados podem requerer a abertura da sucessão provisória. Os legitimados para formular esse requerimento estão enumerados no art. 27 do Código Civil: o cônjuge não separado judicialmente; os herdeiros legítimos e os testamentários; os que tiverem direito sobre os bens do ausente, subordinado à condição de morte, e os credores. Se nenhum interessado apresentar-se, a abertura da sucessão provisória poderá ser requerida pelo Ministério Público.

O requerimento deverá conter pedido de citação pessoal dos herdeiros presentes e do curador, e, por edital, dos herdeiros ausentes, para se habilitarem. A habilitação será feita na forma dos arts. 689 a 692 do Código de Processo Civil.

A sentença que determinar a abertura da sucessão provisória só produzirá efeito 180 dias depois de publicada pela imprensa, mas logo que passe em julgado permitirá que se proceda à abertura do testamento, se houver, e ao inventário e partilha dos bens (CC, art. 28).

Enquanto a sucessão for provisória, os herdeiros darão caução de restituir ao ausente os bens, caso ele retorne. Aparecendo o ausente, extingue-se a sucessão provisória.

Passados dez anos do trânsito em julgado da sentença de abertura da sucessão provisória, abre-se a terceira fase: a sucessão definitiva. Esse prazo reduz-se a cinco anos, que corre das últimas notícias suas, quando o ausente contar 80 anos de idade.

Na sucessão definitiva, os herdeiros poderão levantar a caução que tinham prestado. Mesmo assim, depois de convertida a sucessão provisória em definitiva, haverá uma quarta fase, que perdurará por mais dez anos, na qual se o ausente retornar, ele poderá retomar os seus bens que ainda integrem o patrimônio dos herdeiros, ou os sub-rogados em seu lugar ou o preço que os herdeiros e demais interessados houverem recebido pelos alienados (CC, art. 39). Se o bem do ausente, ou sub-rogado em seu lugar, ou o preço obtido com a sua alienação não figurarem mais no patrimônio do herdeiro, o ausente não poderá reclamar.

Somente depois de passados dez anos da abertura da sucessão definitiva é que o ausente não poderá mais reclamar os seus bens aos herdeiros, ainda que eles não se tenham perdido nem sido alienados.

Capítulo VIII

DAS COISAS VAGAS

Coisa vaga é a alheia que foi perdida pelo legítimo dono ou possuidor. Não se confunde com a abandonada, que não tem dono e que passa a pertencer a quem encontrá-la e dela se apropriar.

A coisa vaga tem dono, e deve ser restituída a ele, sob pena de configurar-se o crime de apropriação indébita. A pessoa que a achar, e não souber quem é o dono, deve entregá-la à autoridade judiciária ou policial, que a arrecadará mandando lavrar o competente auto. Feita a arrecadação pela autoridade policial, a coisa deverá ser logo remetida ao juiz, que nomeará um depositário, a quem competirá zelar pela sua preservação.

Em seguida, será publicado edital, na rede mundial de computadores, no sítio do Tribunal a que estiver vinculado e na plataforma de editais do Conselho Nacional de Justiça, onde permanecerá por um ano, ou, não havendo sítio, no órgão oficial e na imprensa da comarca, conclamando o dono ou possuidor a reclamar a coisa. Se ela for de pequeno valor, e não for possível a publicação no sítio do tribunal, bastará que o edital seja afixado no átrio do fórum.

Se o dono comparecer e provar o seu direito, o juiz mandará entregar-lhe a coisa. Não comparecendo, ela será alienada em hasta pública, depois de proceder-se a uma avaliação. O produto da venda será destinado ao pagamento das despesas e à recompensa da pessoa que a achou (descobridor). O remanescente será entregue à União, ao Estado ou ao Distrito Federal.

Se o dono aparecer, mas preferir abandonar a coisa, ela poderá ser adjudicada ao descobridor.

Capítulo IX

DA INTERDIÇÃO

Todo homem é capaz de direitos e obrigações na ordem civil. Essa capacidade genérica, que todos possuem, é a de direito.

No entanto, nem sempre é possível ao homem praticar pessoalmente os atos da vida civil, por faltar-lhe o discernimento necessário. A capacidade, mais restrita, de poder exercer ele próprio os atos da vida civil é a de fato.

Aquelas pessoas que a lei chama de incapazes são as que não têm capacidade de fato ou não a têm plena. A de direito é sempre plena, para qualquer ser humano.

A incapacidade de fato pode ser absoluta ou relativa, e supre-se pelos institutos da representação e assistência, respectivamente. A decorrente da menoridade independe de declaração judicial. Basta que o agente tenha menos de 16 anos, para que ele seja considerado absolutamente incapaz; e mais de 16 e menos de 18, para que a incapacidade seja relativa.

Cessada a menoridade, automaticamente cessa a incapacidade. Porém, se apesar de o agente ter completado 18 anos, estiver presente alguma das outras hipóteses de incapacidade, será necessário promover-se sua interdição.

O procedimento de interdição, de jurisdição voluntária, tem por finalidade declarar a incapacidade, absoluta ou relativa, das pessoas que não podem, sozinhas, exercer os atos da vida civil. De fato, pode ocorrer, que, apesar da maioridade, a pessoa, por razões outras, não tenha ainda condições de gerir-se, como nas hipóteses do art. 4º do Código Civil, com a redação dada pela Lei n. 13.146/2015. Mesmo as pessoas com deficiência, conquanto consideradas capazes, pela Lei n. 13.146/2015, poderão ser submetidas à tutela, quando necessário (art. 84, § 1º, da Lei n. 13.146/2015).

Entre os incapazes, além dos menores, estão os ébrios habituais e viciados em tóxicos; aqueles que, por causa transitória ou permanente não puderem exprimir suas vontades e os pródigos. Todos eles são considerados relativamente incapazes. A incapacidade absoluta fica restrita aos menores de 16 anos, já que as demais hipóteses do Código Civil foram revogadas pela Lei n. 13. 146/2015.

Os silvícolas não integrados à civilização não precisam ser interditados, porque a sua incapacidade origina-se no âmbito administrativo e independe de qualquer medida judicial.

O CPC, nos arts. 747 a 763, trata do procedimento de interdição, e de nomeação do curador, que passará a assistir o incapaz.

Como a finalidade é declarar a incapacidade, faltará interesse de agir para aquele que quiser promover a interdição de um menor, porque ele já é incapaz.

A Lei n. 13.146/2015 criou a possibilidade de colocar sob curatela, após regular processo de interdição, uma pessoa considerada capaz. Trata-se da hipótese prevista no art. 84, § 1º, da Lei n. 13.146/2015. Conquanto a pessoa deficiente seja considerada capaz, o dispositivo permite que ela seja posta sob curatela, em processo de interdição, quando necessário.

A interdição presta-se à declaração de incapacidade daquele que está em alguma das situações previstas no art. 4º do Código Civil, ou na hipótese do art. 84, § 1º, da Lei n. 13.146/2015. O juiz fixará o grau de incapacidade e os limites da curatela, conforme o que for apurado.

Deve ser requerida no foro do domicílio do interditando, em Vara de Família, se houver. Do contrário, será aforada perante Vara Cível. O requerimento poderá ser feito pelo cônjuge ou companheiro, pelos parentes ou tutores, pelo representante da entidade em que se encontra abrigado o interditando ou pelo Ministério Público (art. 747 do CPC). A legitimidade do Ministério Público fica restrita aos casos de doença mental grave (art. 84, § 1º, da Lei n. 13.146/2015), ou se os demais legitimados não existirem ou não formularem o requerimento de interdição, ou forem incapazes. Na hipótese de doença mental grave, a legitimidade do Ministério Público é plena. Nos demais casos, é supletiva, dada a prioridade dos demais. O art. 1.768, IV, do Código

Civil, com a redação dada pela Lei n. 13.146/2015, autoriza que a própria pessoa requeira a sua interdição, hipótese, porém, que dificilmente se verificará na prática.

No Código Civil de 1916, a legitimidade para requerer a interdição do pródigo estava limitada ao cônjuge, aos ascendentes ou descendentes. Admitia-se a do Ministério Público quando houvesse descendentes menores que pudessem ficar prejudicados. Essa limitação existia porque a interdição do pródigo se fazia não em seu benefício, mas em proveito dos herdeiros necessários e do cônjuge. Se não houvesse nem uns nem outros, não se justificava. No Código de 2002, ela se faz para a proteção do próprio pródigo. Daí por que a legitimidade para requerê-la é a mesma que para as demais hipóteses.

A petição inicial deve preencher os requisitos do art. 319 do CPC. O interessado provará sua legitimidade, juntando comprovante do parentesco, casamento ou da união estável, e indicará os fatos em que fundamenta o pedido, especificando aqueles que demonstram que o interditando não tem condições de exprimir, total ou parcialmente, sua vontade. Tais fatos devem ser de tal ordem que assinalem a impossibilidade de ele continuar gerindo os negócios e administrando seus bens. O autor deve ainda indicar na inicial o momento em que a incapacidade se revelou.

Além disso, a inicial deve vir acompanhada de laudo médico que comprove as alegações ou de informação sobre a impossibilidade de fazê-lo.

Caso haja urgência, o juiz poderá nomear curador provisório ao interditando para a prática de determinados atos.

Quando não for o Ministério Público que tenha formulado o requerimento, será intimado para participar como fiscal da ordem jurídica. Essa é a posição assumida pelo *parquet*, nos termos do art. 752, § 1º, do CPC.

Se a petição inicial estiver em termos, o juiz designará data para entrevistar o interditando, determinando que ele seja citado e intimado a comparecer. Na audiência, o juiz o examinará, buscando extrair impressões a respeito de seu discernimento, sua capacidade e aptidão para gerir seus negócios. Ele lhe perguntará acerca de sua vida, seus negócios, bens e o que mais entender necessário, para extrair uma impressão a respeito das condições daquele que está sendo ouvido. Tanto as perguntas como as respostas são reduzidas a termo, pois, com isso, se poderá obter melhores impressões sobre a situação do entrevistando. Essa audiência é realizada antes mesmo que ele tenha tido a oportunidade de impugnar o pedido. Para a entrevista, deve ser intimado o Ministério Público, mas não o requerente, que dela não poderá participar. A entrevista também pode ser acompanhada por especialista.

Se, por motivo de saúde, ou por qualquer outra razão, não for possível ao interditando deslocar-se, o juiz, o Ministério Público e o escrivão dirigir-se-ão ao local em que ele esteja e lá o ouvirão. A entrevista só pode ser dispensada em circunstâncias verdadeiramente excepcionais, como já foi decidido: "Interdição. Necessidade de interrogatório do interditando. Somente em casos especiais, de pessoas gravemente excepcionais, inexistente qualquer sinal de risco de fraude, poder-se-á, no interesse do interditando, dispensar o interrogatório judicial" (*JTJ*, *179*:166).

Após a audiência, o interditando poderá impugnar o pedido, no prazo de quinze dias, constituindo advogado para defendê-lo. Mas ele só o fará se ainda tiver algum discernimento, e puder, de qualquer forma, exprimir sua vontade. Caso ele não o constitua, ser-lhe-á dado curador especial, caso em que seu cônjuge, companheiro ou qualquer parente sucessível poderá ingressar como assistente. O curador especial poderá, não havendo outros elementos nos autos, impugnar a pretensão por negativa geral.

O Ministério Público sempre intervirá como fiscal da ordem jurídica.

Embora o pedido de interdição, em regra, tenha por fim proteger o incapaz, pode ser utilizado para finalidade diversa, qual seja, afastá-lo de seus negócios, atribuindo-lhes a gerência a outrem, em razão de interesses inconfessáveis. Por isso, andou bem o legislador em permitir-lhe que se manifeste, por meio de advogado. A falta de defesa não produz os efeitos da revelia nem faz presumir verdadeiros os fatos narrados na inicial, relativos à incapacidade. É preciso certificar-se de que o interditando é mesmo incapaz.

Apresentada ou não a resposta, o juiz determinará a realização da prova pericial, nomeando especialista que examine o suposto incapaz e constate qual o problema e seu grau. A perícia pode ser realizada por equipe composta por expertos com formação multidisciplinar, quando necessário. Às partes e ao Ministério Público será dada a oportunidade de formular quesitos e indicar assistentes técnicos. O juiz fixará prazo para a entrega do laudo. A perícia indicará, de forma específica, e, se for o caso, os atos para os quais haverá necessidade de curatela.

Tal como ocorre com todos os tipos de prova, o juiz precisa ficar adstrito ao que ficou constatado pelo perito. Vigora, também aqui, o princípio do livre convencimento motivado, podendo o juiz formar sua convicção com base em outros elementos ou fatos provados nos autos (CPC, art. 479). Mas ele só pode afastar as conclusões da perícia com fundamento em elementos que permitam sustentar sua convicção. Não pode valer-se de meras suposições ou de impressões pessoais.

Encerrada a prova pericial, o juiz designará audiência de instrução e julgamento, quando for necessário. Se houver requerimento de prova oral, deverá designar audiência, já tendo sido decidido pelo STJ que: "A interditanda tem direito a provar que pode gerir a sua vida e administrar os seus bens, com a oitiva de testemunhas, com o que, em tal caso, não pode o magistrado dispensar a realização da audiência do art. 1.183 do CPC" (*RT*, 788:211).

A essa audiência se aplicam as regras comuns, estabelecidas para os procedimentos de jurisdição contenciosa. A única ressalva é que não será admitido, ao menos como regra, o requerimento para que o interditando preste depoimento pessoal, porquanto ele já terá sido entrevistado pelo juiz. Nada impede, porém, que o juiz o convoque, de ofício ou a requerimento do Ministério Público ou dos interessados, para que seja novamente ouvido, quando isso puder ser útil para auxiliar na convicção do juiz.

Encerrada a instrução, o juiz proferirá sentença. Em caso de procedência, declarará a interdição, e assinará, conforme o estado ou o desenvolvimento do interdito, os limites da curatela, que poderão circunscrever-se às restrições constantes do art. 1.782 do Código Civil. A sentença deverá ser inscrita no Oficial de Registro Civil, para que dela se dê conhecimento geral, e publicada na rede mundial de computadores, no sítio do tribunal a que estiver vinculado o juízo e na plataforma de editais do Conselho Nacional de Justiça, onde permanecerá por seis meses, e publicada pela imprensa local e pelo órgão oficial por três vezes, com intervalo de dez dias. Do edital constarão os nomes do interdito e do curador, a causa da interdição e os limites da curatela.

Há ainda alguma controvérsia sobre a natureza da sentença que decreta a interdição. É amplamente predominante o entendimento de que ela tem caráter declaratório, não sendo a sentença que cria a incapacidade, mas as situações previstas no art. 4º da Lei Civil. Sua eficácia é *ex tunc*, retroagindo à data em que surgiu a incapacidade, o que levaria a sustentar que os atos praticados pelo incapaz antes da interdição, mas depois do surgimento da incapacidade, seriam todos nulos. Não nos parece, porém, acertada essa conclusão, porque traria graves riscos ao comércio, permitindo a anulação de negócio celebrado por terceiros de boa-fé com aqueles cuja interdição só foi declarada *a posteriori*.

A melhor solução será a seguinte: a) se já houve a decretação da interdição, a incapacidade é presumida e dispensa provas. Em ação de nulidade ou anulação de negócio jurídico, nem haverá necessidade de demonstrar a incapacidade absoluta ou relativa; b) caso não tenha havido ainda a interdição, é preciso verificar se o terceiro que negociou com o incapaz estava de boa-fé, porque não tinha como conhecer ou detectar a incapacidade, ou se estava de má-fé. Somente no segundo caso é que o negócio será anulado. Se a incapacidade era notória, ou podia ser conhecida com alguma diligência, ou se era possível de qualquer forma conhecer o estado do incapaz, o negócio será anulado. Do contrário, não.

Na sentença, o juiz, além de estabelecer os limites da curatela, indicará aquele que exercerá tal encargo, observando-se o art. 755, § 1º, do CPC, que determina que a nomeação recaia sobre quem melhor possa atender aos interesses do curatelado.

Entre as atribuições do curador, além de representar ou assistir o incapaz, está a de, quando possível, promover-lhe o tratamento em estabelecimento adequado, visando à sua recuperação.

Cessada a causa que determinou a interdição, será requerido seu levantamento. O pedido pode ser feito pelo próprio interditando, pelo seu curador ou pelo Ministério Público. Embora lhe tenha sido retirada a capacidade, a lei lhe atribui ao menos aquela para requerer a própria desinterdição.

O procedimento é o estabelecido no art. 756 do CPC. O pedido será apensado aos autos da interdição, e o juiz nomeará novamente um perito ou uma equipe multidisciplinar, para examinar o interdito, verificando se efetivamente cessou a causa da incapacidade. Se necessário, será designada audiência de instrução e julgamento. Embora a lei não o mencione expressamente, nada obsta, e é até conveniente, que o juiz ouça o interdito, para formar uma impressão a respeito de seu grau de discernimento.

Acolhido o pedido, a interdição será levantada, total ou parcialmente, conforme o grau de capacidade do interdito, devendo ser feita a publicação da sentença na forma do art. 756, § 3º, do CPC e seu registro no Oficial de Registro Civil.

Capítulo X

DA NOMEAÇÃO E REMOÇÃO DE TUTOR OU CURADOR

O Código de Processo Civil dedica um capítulo próprio para as disposições comuns à tutela e à curatela, cuidando do procedimento de nomeação e remoção de tutores e curadores e da escusa do encargo.

A tutela só terá lugar quando houver menor que não esteja sob o pátrio poder. Já o curador será nomeado em favor dos demais incapazes que não os menores.

O tutor ou curador serão intimados a prestar compromisso, no prazo de cinco dias a contar da data da sua nomeação, ou da intimação do despacho que mandar cumprir o testamento ou o instrumento público que o houver indicado.

Ambos poderão escusar-se do encargo, apresentando ao juiz as suas razões. O prazo para a apresentação da escusa é de cinco dias, nos termos do art. 760, *caput*, do CPC. Esse prazo é contado antes de aceitar o encargo, da intimação para prestar compromisso; depois de entrar em exercício, do dia em que sobrevier o motivo da escusa. Não sendo requerida a escusa no prazo, considerar-se-á renunciado o direito a alegá-la.

O Ministério Público, ou quem tenha legítimo interesse, poderá requerer a remoção do tutor ou curador, nos casos previstos na lei civil. Eles serão citados para contestar no prazo de cinco dias, observando-se, em seguida, o procedimento comum.

Capítulo XI

DA ORGANIZAÇÃO E DA FISCALIZAÇÃO DAS FUNDAÇÕES

65 INTRODUÇÃO

As pessoas jurídicas de Direito Privado classificam-se, quanto à sua estrutura interna, em corporações e fundações. Aquelas são conjuntos ou reuniões de pessoas, ao passo que estas são conjuntos de bens destinados a um fim. As corporações, por sua vez, dividem-se, conforme tenham ou não finalidade de lucro, em sociedades e associações, respectivamente.

As fundações são um acervo de bens que adquirem personalidade jurídica para poder atingir os seus objetivos. Não visam ao lucro, e seu caráter é sempre civil.

É possível identificar quatro fases distintas no procedimento da organização e fiscalização das fundações.

66 PROCEDIMENTO

A primeira fase é a de dotação ou instituição. Ocorre no momento em que alguém reserva todo o seu patrimônio, ou parte dele, para a instituição da fundação, indicando a finalidade para a qual ela será dirigida. O instituidor pode criar a fundação para atuar enquanto ele viver ou para depois de sua morte. No primeiro caso, ele fará a dotação por escritura pública; no segundo, por testamento.

A fase seguinte é a de elaboração dos estatutos. É possível que o próprio instituidor o redija, bem como indique alguém para fazê-lo, atribuindo-lhe um prazo. Caso não tenha sido previsto prazo para que o terceiro elabore o estatuto, a lei prevê cento e oitenta dias.

Quando o instituidor não elaborar, ele próprio, os estatutos, nem indicar quem deva fazê-lo, a incumbência passará ao Ministério Público. Isso também ocorrerá se o terceiro indicado recusar-se ou permanecer inerte no prazo atribuído pelo instituidor (ou, na sua falta, em cento e oitenta dias).

Elaborados os estatutos, passa-se à terceira fase, que é a da sua aprovação. O interessado submeterá o estatuto à aprovação do Ministério Público, que deverá verificar se foram observadas as bases da fundação e se os bens são suficientes ao fim a que ela se destina.

Sempre que o Ministério Público negar a aprovação ou exigir alterações, ou quando o interessado discordar do estatuto elaborado pelo Ministério Público, o interessado pode requerer ao juiz, em petição motivada, que decida, podendo o magistrado exigir as modificações que lhe pareçam necessárias.

Evidentemente que só caberá ao promotor de justiça aprovar os estatutos quando tiverem sido elaborados pelo próprio instituidor ou por terceiro por ele indicado. Se foi o próprio Ministério Público quem os elaborou, não caberá a ele aprová-lo, mas ao juiz.

Qualquer modificação posterior nos estatutos ficará sujeita, também, à aprovação do Ministério Público, que, denegada, pode ser suprida pelo juiz.

A quarta e última fase é a do registro. É indispensável que o ato de instituição e os estatutos sejam registrados no Registro Civil das Pessoas Jurídicas, pois só a partir de então terão existência legal.

Qualquer interessado ou o Ministério Público poderá requerer a extinção da fundação sempre que se tornar ilícito o seu objeto, for impossível a sua manutenção ou se vencer o prazo de sua existência (CPC, art. 765).

Capítulo XII

DA RATIFICAÇÃO DOS PROTESTOS MARÍTIMOS E DOS PROCESSOS TESTEMUNHÁVEIS FORMADOS A BORDO

As expressões "protestos marítimos" e "processos testemunháveis" servem para designar o mesmo mecanismo, que é aquele previsto no art. 505 do Código Comercial, destinado a comprovar sinistros, avarias ou quaisquer perdas ocorridas durante a navegação. Dispõe o art. 505 do Código Comercial: "Todos os processos testemunháveis e protestos formados a bordo, tendentes a comprovar sinistros, avarias, ou quaisquer perdas, devem ser ratificados com juramento do capitão perante a autoridade competente do primeiro lugar onde chegar; a qual deverá interrogar o mesmo capitão, oficiais, gente da equipagem (artigo n. 545, n. 7) e passageiros sobre a veracidade dos fatos e suas circunstâncias, tendo presente o Diário da Navegação, se houver sido salvo".

O CPC atual estabelece nos arts. 766 a 770 um procedimento especial de jurisdição voluntária, destinado à ratificação dos protestos marítimos e processos testemunháveis. O CPC de 1973 não cuidava do assunto, mas o seu art. 1.218, VIII, mantinha em vigor as regras sobre os protestos formados a bordo, contidas nos arts. 725 a 729 do CPC de 1939.

No primeiro porto a que o navio chegar, o comandante deverá apresentar ao juiz de direito da comarca, nas primeiras vinte e quatro horas da chegada da embarcação, todos os protestos e os processos testemunháveis para ratificação, devendo a petição inicial conter o determinado no art. 767 do CPC, em especial a transcrição do que consta do Diário de Navegação. A inicial será distribuída com urgência e encaminhada ao juiz que ouvirá, sob compromisso a ser prestado no mesmo dia, o comandante e as testemunhas, qualificados na inicial, em número mínimo de duas e máximo de quatro, e que serão trazidas para o ato independentemente de intimação.

Aberta a audiência, o juiz mandará apregoar os consignatários das cargas indicadas na petição inicial e outros eventuais interessados, nomeando para os ausentes curador para o ato.

O juiz, depois de ouvido o comandante e as testemunhas, ratificará por sentença o protesto ou o processo testemunhável lavrado a bordo, caso se convença da veracidade do que consta do Diário da Navegação e, independentemente do trânsito em julgado, determinará a entrega dos autos ao autor ou ao seu advogado, mediante traslado.